Reiner Neumann
Die Macht der Macht

Reiner Neumann

DIE MACHT DER MACHT

HANSER

MIX
Papier aus verantwor-
tungsvollen Quellen
FSC® C014889

Bibliografische Information der Deutschen Nationalbibliothek
Die Deutsche Nationalbibliothek verzeichnet diese Publikation in der Deutschen Nationalbibliografie; detaillierte bibliografische Daten sind im Internet über http://dnb.d-nb.de abrufbar.

Dieses Werk ist urheberrechtlich geschützt.
Alle Rechte, auch die der Übersetzung, des Nachdruckes und der Vervielfältigung des Buches oder von Teilen daraus, vorbehalten. Kein Teil des Werkes darf ohne schriftliche Genehmigung des Verlages in irgendeiner Form (Fotokopie, Mikrofilm oder ein anderes Verfahren), auch nicht für Zwecke der Unterrichtsgestaltung – mit Ausnahme der in den §§ 53, 54 URG genannten Sonderfälle –, reproduziert oder unter Verwendung elektronischer Systeme verarbeitet, vervielfältigt oder verbreitet werden.

1 2 3 4 5   16 15 14 13 12

© 2012 Reiner Neumann
Alle Rechte der deutschen Ausgabe
© 2012 Carl Hanser Verlag München
Dieses Werk wurde vermittelt durch die Michael Meller Literary Agency GmbH, München.
Internet: http://www.hanser-literaturverlage.de
Lektorat: Martin Janik
Herstellung: Andrea Stolz
Umschlaggestaltung: Brecherspitz Kommunikation GmbH, München, www.brecherspitz.com
unter Verwendung einer Fotografie von © Corbis
Satz: Kösel, Krugzell
Druck und Bindung: Friedrich Pustet, Regensburg
Printed in Germany

ISBN 978-3-446-43210-9
E-Book ISBN 978-3-446-43390-8

INHALT

Einleitung 9

1 Macht und Theorie 15
Von Person bis System
Macht als Eigenschaft:
   Der dispositionsorientierte Ansatz 15
Macht aus der Situation heraus:
   der situativ-interaktionistische Ansatz 18
Die Theorie vom sozialen Austausch:
   Social Exchange Theory 20
Die fünf Quellen der Macht 23
Die Anwendung von Macht 28

2 Macht und Charisma 31
Von Aussehen bis Ausstrahlung
Schönheit ist Macht 31
Körpersprache und Aufmerksamkeit 37
Mimik, Gestik und Positionierung im Raum 42
Nonverbale Machtspiele 49

3 Macht und Sprache 53
Von Sprechen bis Streiten
Stimmeinsatz und kommunikative Machtverteilung 53
Die vier Elemente der Botschaft 58
Gute Gründe und richtige Wortwahl 61

Wer fragt, der führt 65
Rhetorische Winkelzüge 67

4 Macht und Zeichen 75
Von Füllhalter bis Firmenwagen
Statussymbole 75
Kleider machen Leute 79
Der Titel als Machtsymbol 86

5 Macht und Sex 91
Von Moral bis Möglichkeit
Macht macht sexy 91
Sexuelle Belästigung am Arbeitsplatz 98

6 Macht und Hierarchie 105
Von Chef bis Führung
Hierarchie ist Macht 105
Der richtige Umgang mit hierarchisch begründeter Macht 109
Zielvereinbarungen und Mitarbeitergespräche 115

7 Macht und Regeln 119
Von Spielregeln bis Bürokratie
Sinn und Unsinn von Regeln 119
Schlüsselpositionen im Unternehmen 124

8 Macht und Menge 127
Von Teams bis Vroniplag
Die Macht der Vielen 127
Wie Systeme funktionieren 134
Die Dynamik der Gruppe 137
Ein Team, viele Rollen 141

9 Macht und Beziehungen 145
Von Netzwerk bis Nepotismus
Vitamin B in Politik, Wirtschaft und High Society 145
Adel verpflichtet 149
Die Macht von guten Beziehungen 152
Der Nutzen von reziprokem Altruismus 159
Wie Sie erfolgreich netzwerken 162

10 Macht und Experten 167
Von Kompetenz bis Doktortitel
Echte und unechte Experten 167
Unser Glaube an Autoritäten 174
Wie Sie Ihre eigene Expertise ausbauen 178

11 Macht und Karriere 181
Von richtig bis wichtig
Auf dem Weg zum Erfolg 181
Rühren Sie die Werbetrommel –
  vermarkten Sie sich selbst 186

Anhang 193
Autor 193
Literatur 195
Register 202

EINLEITUNG

»Ich bin die Chefin zu Hause. Das ist ein gutes Gefühl. Neulich hat er sich viel zu teure Unterhosen gekauft. Da sag ich klipp und klar: Ich nehm dir deine EC-Karte weg«, erzählt die 34-jährige Polizistin. Der Chef weist den Mitarbeiter an, morgen eine Stunde früher zu kommen. Utz Claasen, der frühere Vorstandschef von EnBW, wird mit den Worten »Lieber Rambo als Bambi!« zitiert. Der Experte beeinflusst die Entscheidung über die Investition in eine bestimmte Technologie durch sein Gutachten. Die Gewerkschaftsmitglieder streiken und blockieren das Busdepot. Der Hausmeister kann den Schlüssel für den Sitzungssaal »einfach nicht finden«, so dass die Besprechung erst verspätet beginnen kann. Und mit den Worten »Das klingt, als wenn sie dir den Arsch zugenäht haben« urteilt Dieter Bohlen im vollen Bewusstsein seiner Macht als entscheidender Juror über einen der »DSDS«-Kandidaten.

Macht ist immer und überall. Macht kann verbal sein, körperlich oder symbolisch. Macht als Phänomen existiert in allen Lebensbereichen. Wir alle haben unsere Erfahrungen mit ihr. Wir alle haben eine Meinung zu ihr. Macht hat oft einen negativen Beigeschmack – wie in den zitierten Beispielen. Wir assoziieren dann Begriffe wie

Zwang, Unterdrückung, Ohnmacht oder Gewalt, sie geht aber genauso mit neutral oder positiv besetzten Phänomenen wie Führung, Erziehung oder Selbstverwirklichung einher. Mit Macht lassen sich Ziele durchsetzen, wünschenswerte Veränderungen bewirken, auch gegen den Willen anderer. Sie kann aus eigener Kraft oder Überlegenheit kommen oder aus dem sozialen oder hierarchischen Kontext heraus. Macht kann nützen und missbraucht werden. Viele streben nach Macht, andere lehnen sie strikt ab.

Macht existiert in allen Bereichen unseres Lebens – nicht nur bei denen »ganz oben«. Jeder hat Macht. Macht bedeutet zunächst ganz einfach, dass Sie auf das Verhalten anderer Menschen einwirken können. So ist es möglich, Ziele zu erreichen und Ansprüche durchzusetzen. Sie spielt in allen Formen menschlichen Zusammenlebens eine Rolle. Die Freuden und die Leiden der Macht erleben wir täglich – in unserem privaten und im beruflichen Leben, daheim und am Arbeitsplatz. Sie ist ein alltägliches Phänomen. Überall in unserem täglichen Umfeld erkennen und erfahren wir Strukturen von Macht und Machtausübung.

Macht ist faszinierend – davon legt die Vielzahl der bunten Blätter mit den Berichten aus der Welt der Schönen, Reichen und Mächtigen ein beredtes Zeugnis ab. Ihr Tun interessiert viele sehr. Doch Macht kann auch furchtbar banal sein – Ihr frustrierter Nachbar, der Sie schon lange auf dem Kieker hat und Sie bei der nächstbesten Gelegenheit wegen Falschparkens anzeigt, übt ebenso Macht aus wie der Vorstandsvorsitzende eines DAX-Konzerns oder der russische Präsident.

Dieses Buch bietet Ihnen einen Überblick über typische Situationen – vorwiegend aus dem beruflichen Alltag, es analysiert die Strukturen und Spielregeln, nach denen Macht ausgeübt wird. Es zeigt Wege auf, mit fremder und mit eigener Macht erfolgreich umzugehen.

Ich lade Sie ein: Denken Sie über Macht nach, betrachten Sie Macht in den unterschiedlichsten Situationen, und lernen Sie die wichtigsten Spielregeln kennen!

Warum verhalten sich Menschen so, wie sie es eben tun? Psychologie ist die Wissenschaft vom menschlichen Verhalten – mit ihrer Hilfe erkennen wir die Ursachen. Darum betrachten wir in Kapitel eins die wichtigsten wissenschaftlichen Erklärungen für menschliches Verhalten in Situationen mit Macht. Die Theorien beschreiben, was Menschen in solchen Fällen antreibt und wie sie Entscheidungen treffen.

In den folgenden Kapiteln erhalten Sie einen Überblick über die klassischen Situationen, denen Sie immer wieder im Geschäftsleben begegnen. Ausgehend von konkreten und bekannten Beispielen analysieren wir die Strukturen und Spielregeln, nach denen Macht ausgeübt wird. Sie entdecken Wege, mit eigener und mit fremder Macht umzugehen. Wir beginnen mit den Aspekten individuellen Verhaltens, bearbeiten dann die Situationen mit mehreren Beteiligten und betrachten abschließend die wesentlichen Faktoren von Macht und Karriere.

Attraktive Menschen haben es leichter, eine besondere Ausstrahlung macht uns erfolgreicher. Sie profitieren von Aussehen und Auftreten, gleich ob Sie Politiker oder Manager sind. Im zweiten Kapitel nehmen wir das Charisma eines Menschen näher unter die Lupe und betrachten die Elemente, die uns überzeugend auftreten lassen und damit zur Macht beitragen.

Sie zeigen Präsenz, demonstrieren Ruhe und Sicherheit, Sie beeinflussen das Verhalten anderer Menschen und verleihen Ihrer Überzeugung Ausdruck – all das durch Sprache und Sprechen. In Kapitel drei erfahren Sie, wie Sie sich richtig verhalten, wenn andere Sie verbal attackieren.

Macht muss man erkennen können. Den Machthaber identifizieren Sie auf einen Blick an den Insignien seiner

Position. Wir beschreiben und analysieren die Zeichen der Macht im vierten Kapitel – und wir beantworten die Frage, wie Sie diese Symbole zu Ihrem Vorteil einsetzen können.

Catherine Hakim rät: »Schlafen Sie sich nach oben!« Macht und Sex hängen eng zusammen. Woher kommt der Sex-Appeal der Macht? Von der Macht zum Machtmissbrauch ist es manchmal nur ein kurzer Weg. Dieses Thema nehmen wir uns in Kapitel fünf an.

In den meisten Unternehmen, Behörden und Institutionen gibt es eine Hierarchie. Durch Ihre Position in der Hackordnung wird Macht einfach und eindeutig sichtbar. In Kapitel sechs beschreiben und analysieren wir Macht in der Hierarchie – und zeigen Wege auf, wie Sie sich sicher und erfolgreich verhalten.

Menschliches Verhalten wird in erheblichem Maße von Werten, Normen und Regeln beeinflusst. Sie regeln unser Zusammenleben. Wir können uns Regeln unterwerfen oder unsere eigenen Spielregeln definieren und zu unserem Vorteil nutzen. Im siebten Kapitel erfahren Sie Wichtiges zum Zusammenhang von Macht und Regeln.

In der Gruppe sind wir stärker, gemeinsam können wir mehr erreichen – oder wir müssen uns der Mehrheit beugen. Welche Macht übt die Menge aus? Wie funktionieren Teams, und welche Rolle können Sie in diesem Zusammenhang spielen? Kapitel acht gibt Antworten und Anregungen.

Networking ist ein wesentliches Instrument, um Macht zu erwerben und Macht zu erhalten. Aber wie funktionieren eigentlich Netzwerke? Was können Sie tun, um Ihre Netzwerke zu entwickeln? Und: Wie können Sie Netzwerke für Ihre Zwecke nutzen? Im neunten Kapitel finden Sie die wesentlichen Informationen dazu.

Manchen Menschen glauben wir mehr, manchen weniger. Manche werden häufiger gefragt und üben stärkeren Einfluss aus als andere. Wissen ist Macht. Experten üben in unserer Gesellschaft sehr real Macht aus. Im zehnten Kapitel erfahren Sie mehr zu diesem Thema.

Und zum Schluss das Wichtigste: Macht erwerben Sie durch Ihren Erfolg auf der Karriereleiter. Im letzten Kapitel erfahren Sie, wie andere diese Stufen erklimmen und was Sie daraus für sich und Ihr Verhalten lernen können.

Lassen Sie sich durch die Beispiele anregen, erkennen Sie, wie Macht funktioniert, und gehen Sie verantwortungsvoll und erfolgreich mit Ihrer Macht um!

1 MACHT UND THEORIE
Von Person bis System

Macht als Eigenschaft: Der dispositionsorientierte Ansatz

Macht beschreibt ein Verhältnis von Überlegenheit oder von Abhängigkeit zwischen zwei oder mehreren Personen. Nach Max Weber ist Macht eine Chance, innerhalb einer sozialen Beziehung den eigenen Willen auch gegen Widerstreben durchzusetzen. Da ist der Wunsch, Menschen oder Prozesse zu kontrollieren und Einfluss auf das Ergebnis zu nehmen.

Zur Macht in der Gesellschaft gibt es eine Fülle von soziologischen Theorien, große Namen wie Hannah Arendt, Zygmunt Baumann oder Michel Foucault stehen für eine breite Palette verschiedener theoretischer Ansätze in diesem Bereich.

Individuell jedoch begegnen wir der Macht in unserem Alltag und besonders in unserem Arbeitsalltag meist auf der zwischenmenschlichen Ebene. Darum wollen wir uns auf die psychologischen Ansätze zur Erklärung der Macht konzentrieren.

Von vielen wird Macht als eine Eigenschaft von Personen verstanden. Reichen oder Menschen in einer herausgehobenen Position wird damit Macht als Bestandteil ihrer Persönlichkeit zugeschrieben. Dieser dispositionsorientierte Ansatz in der Psychologie nimmt an, dass Menschen über stabile Merkmale verfügen, die die Zeit überdauern und für diese Person typisch sind. Diese Merkmale oder Eigenschaften führen dazu, dass Menschen mit den entsprechenden Eigenschaften sich mit erhöhter Wahrscheinlichkeit auf eine bestimmte Art und Weise verhalten. Einfacher formuliert: Ein aggressiver Mensch beispielsweise wird in Situationen mit anderen bevorzugt aggressiv reagieren. Dabei ist es weniger wichtig, mit welchen Personen er es zu tun hat oder in welchen Situationen er sich befindet. Andere Beispiele für solche Eigenschaften sind Intelligenz oder Introversion. Der Eigenschaftsansatz bedeutet, dass ein Mensch mit Macht imstande ist, diese Macht in jeder Beziehung und in allen Situationen einzusetzen. Menschen ohne Macht dagegen sind immer machtlos. Diese Erklärung betont die Unterschiede zwischen den Menschen. Menschliches Verhalten wird als eher statisch angenommen.

Im theoretischen Rahmen des Eigenschaftsansatzes wird menschliches Verhalten durch Motive bestimmt. Menschen haben Bedürfnisse, die auf psychologischem oder physiologischem Ungleichgewicht beruhen. Das kann zum Beispiel Hunger als körperliches Bedürfnis sein oder der Wunsch nach Wertschätzung. Motive sind die sichtbaren Anzeichen dieser Bedürfnisse. Menschen mit einem starken Machtmotiv erfahren dann Befriedigung, wenn sie sich in Positionen befinden, in denen sie andere Menschen lenken können. Auf der Ebene des Verhaltens kann ich solche Menschen daran erkennen, dass sie beispielsweise versuchen, Diskussionen um jeden Preis zu gewinnen, oder daran, dass sie versuchen, den Raum zu dominieren, beispielsweise indem sie stehen, während alle anderen sitzen. Leistungsmotive gehen mit diesem Machtmotiv einher. Menschen mit einem stark ausgeprägten Leistungsmotiv verschaffen sich Befriedigung durch das Erreichen von (Arbeits-)Zielen.

David McClelland formulierte eine Theorie zur Motivation, die annimmt, dass Menschen von drei grundlegenden Bedürfnissen getrieben werden: von dem Bedürfnis nach Erfolg oder Leistung, dem nach Macht und dem nach Zugehörigkeit. In der Stärke der jeweiligen Bedürfnisse gibt es individuelle Unterschiede.

Das Bedürfnis nach Leistung zeigt sich im Setzen von Zielen, in der Befriedigung durch das Erreichen dieser Ziele, in Begeisterung an der Arbeit selbst sowie an der Bedeutung von Effizienz und Effektivitätskriterien. Typisch ist das Streben nach innovativen Aufgaben, die ein kalkuliertes Risiko von Eigenverantwortung und schnelles Feedback mit sich bringen.

Das Machtstreben äußert sich im Versuch, eine Position der Überlegenheit anderen Personen gegenüber zu realisieren. Bei dem Machtmotiv unterscheidet McClelland zwischen personalisierter und sozialisierter Macht. Unter sozialisierter Macht versteht er »Macht im Dienst einer guten Sache«, erkennbar beispielsweise am Streben nach Ämtern (z. B. Vereins- oder Parteifunktionäre). Personalisierte Macht hingegen ist Macht zur Selbsterhöhung, sichtbar durch Prestigeobjekte oder aggressives Auftreten. Das Machtmotiv ist eng mit dem Bedürfnis nach Erfolg und dem Erreichen von Zielen verbunden. Menschen mit einem hohen Machtmotiv sind besonders in Situationen erfolgreich, in denen das Erreichen von Zielen im Vordergrund steht. Nach diesem Ansatz sollte man besonders viele Menschen mit einem stark ausgeprägten Machtmotiv in den höheren Managementpositionen größerer Unternehmen finden.

Zugehörigkeitsgefühle äußern sich nach McClelland im Wunsch, Bestandteil einer Gruppe zu sein und dort Sicherheit zu finden. Personen mit hohem Zugehörigkeitsstreben bevorzugen konfliktfreie Situationen und Interaktionen mit geringem Wettbewerb.

Der Eigenschaftsansatz erklärt Macht als die Eigenschaft einer Person.

Getrieben wird der Mensch von dem Bedürfnis nach Macht und Dominanz.

Der Mächtige wird – unabhängig von der Situation – immer versuchen, Macht über andere auszuüben.

Darum sucht er bevorzugt Situationen auf, die ihm genau dies ermöglichen.

Macht aus der Situation heraus: der situativ-interaktionistische Ansatz

Wenn Macht vorwiegend als Eigenschaft von Menschen begriffen wird, besteht die Gefahr, den Einfluss von Personen zu überschätzen und die bestimmenden Elemente der Situation zu unterschätzen. Die situativ-interaktionistische Perspektive nimmt daher die situativen Faktoren als bestimmend für das Verhalten an. Individuelle Unterschiede im Verhalten werden auf verschiedene Lerngeschichten sowie die unterschiedliche Wahrnehmung und entsprechende Interpretation der Situation zurückgeführt. Die interaktionistische Komponente dieses Erklärungsansatzes leugnet damit keineswegs, dass es Eigenschaften gibt. Sie sieht vielmehr Verhalten als das Ergebnis des Zusammenspiels von Situation und Eigenschaften.

Auch wir fragen uns natürlich immer, warum wir uns selber und warum andere Menschen sich so verhalten, wie sie es tun. Wir suchen nach Ursachen als Erklärungen für unsere Beobachtungen. Dieses Verhalten nennt die Sozialpsychologie Attribuierung. Wir bemühen uns dabei stetig, die inneren (Persönlichkeit) und äußeren (Situation) Ursachen des Verhaltens einzugrenzen. Dabei unterlaufen uns immer wieder Fehler. Beim Verhalten anderer Menschen konstruieren wir bevorzugt Regeln, die einfach formuliert und allgemein gehalten sind. Damit ermöglichen sie uns eine schnelle Einschätzung anderer Menschen. Wir überschätzen zudem in der Regel den Einfluss persönlicher Faktoren und wir unterschätzen den Einfluss der Situation. Das Verhalten anderer Menschen begründen wir dabei bevorzugt durch Eigenschaften, bei uns selber billigen wir der Situation einen größeren Anteil zu.

Wenn also der Chef den Mitarbeiter anschreit, dann ist er ein autoritärer, arroganter Typ. Wenn uns dasselbe mit dem Chef oder mit dem Kollegen passiert, dann haben wir nur in dem Moment die Nerven verloren oder der andere hat uns durch sein Verhalten dazu gebracht. Eigentlich sind wir ganz anders.

Diese Tendenz zur Interpretation der Ursachen des Verhaltens als Eigenschaft ist dann besonders stark, wenn uns das Verhalten anderer Menschen stark beeinflusst oder wenn eine Handlung besonders erfolgreich ist.

Wenn uns beispielsweise in einer Besprechung jemand auf einen Fehler hinweist, dann vermuten wir sofort, dass er uns nur beim Chef anschwärzen will. Und wenn das Seminar sehr erfolgreich war, dann sicher nur deswegen, weil ich persönlich so gut trainiert habe.

Eine Ausnahme bilden hier viele Führungskräfte: Sie neigen dazu, Erfolge der Mitarbeiter durch situative Faktoren zu begründen (»wir haben ja auch gute Produkte«) und Misserfolge bevorzugt durch persönliche Ursachen (»Herr Jessen müsste motivierter sein«). Wenn es allerdings darum geht, Erfolge hierarchisch oder gesellschaftlich hochstehender Personen zu interpretieren, dann werden diese bevorzugt auf deren überragende Eigenschaften zurückgeführt, Misserfolge werden den Umständen oder Dritten angelastet.

Der situative Ansatz nimmt die situativen Faktoren als bestimmend für das Verhalten an.

Jeder bildet individuelle Theorien zur Erklärung des Verhaltens – bei anderen und bei sich selber.

Wir machen häufig den Fehler, die persönlichen Anteile zu überschätzen und die Einflüsse der Situation zu unterschätzen.

Situativ-interaktionistische Theorien nehmen an, dass die verschiedenen Elemente einer Situation den größeren Einfluss auf unser Verhalten haben. Sie setzen voraus, dass wir unser Verhalten kontinuierlich verändern können. Konzepte wie das des lebenslangen Lernens beruhen auf dieser Grundannahme.

Die Theorie vom sozialen Austausch: Social Exchange Theory

Dieser Ansatz wird auch von der alltäglichen Erfahrung gestützt. Macht braucht ein Gegenüber. Das Gutachten des Experten kann die Investitionsentscheidung nur dann beeinflussen, wenn der Vorstand die Expertise akzeptiert. Die Anweisung des Chefs wirkt nur dann, wenn der Mitarbeiter sie auch befolgt oder wenn dem Chef wirksame Sanktionen zur Verfügung stehen. Die Mehrheit der theoretischen Ansätze zur Erklärung der Mechanismen der Macht folgt genau diesem Grundgedanken. Macht beruht entscheidend darauf, dass beide, der Machthaber und der Partner, diese Macht anerkennen. Der Chef kann nur dann wirksame Anweisungen erteilen, wenn die Mitarbeiter auf die Unterstützung des Chefs beispielsweise in Form einer guten Beurteilung angewiesen sind. Der Berater wird nur dann mit seinem Konzept Erfolg haben, wenn der Kunde seine Expertise anerkennt.

Auf der Basis dieser Überlegungen sind die Theorien zum sozialen Austausch (Social Exchange Theory) formuliert: Menschen haben Erwartungen an eine Situation. Sie stellen eine implizite Kosten-Nutzen-Rechnung an und vergleichen Alternativen. Die Grundpfeiler dieser Theorie sind die Konzepte Kosten, Nutzen, Ergebnis, Vergleich, Befriedigung und Abhängigkeit. »Kosten« meint Zeitaufwand, Geld oder verlorene, weil durch die getroffene Wahl ausgeschlossene Optionen. »Nutzen« beschreibt materiellen Ertrag, sozialen Status und emotionales Wohlbefinden. »Ergebnis« beschreibt den Unterschied zwischen Kosten und Nutzen. »Befriedigung« berücksichtigt die Tatsache, dass Menschen unterschiedliche Erwartungen an ihre Beziehungen haben und dementsprechend mit demselben Ergebnis unterschiedlich gut zufrieden sind. »Vergleich« bedeutet, dass Menschen ihre aktuelle Situation gegen die verfügbaren (oder die ihrer Ansicht nach verfügbaren) Alternativen abwägen. Viele Optionen oder wenige, dafür aber sehr gute Alternativen bedeuten eine geringere persönliche Abhängigkeit von einer individuellen Beziehung. »Abhängigkeit« meint die Bedeutung dieser Beziehung für die erwartete Belohnung. Ebenso spielen hier intrinsische (beispielsweise Schüchternheit) wie extrinsische (zum Beispiel Lebensstil) Faktoren eine Rolle.

Wenn also Person A annimmt, dass eine Person B über ausreichend Macht verfügt, und wenn diese Macht mit Ressourcen verbunden ist, die die Person anstrebt, dann wird Person A die Macht von Person B akzeptieren und sich in ihrem Verhalten nach den entsprechenden Anweisungen richten. Das Verhalten wird verstärkt werden, wenn die erwarteten Belohnungen eintreffen, die Macht wird in Frage gestellt, wenn die Belohnungen ausbleiben.

Wenn der Mitarbeiter zum Beispiel befördert werden möchte, hat der Chef so lange Macht, wie er diese Beförderung beeinflussen kann. Auch der Mitarbeiter hat in dieser Situation eine gewisse Macht, schließlich muss der Chef irgendeinen Mitarbeiter auf den freien Posten befördern.

Macht »funktioniert« dann, wenn beide Beteiligte diese Macht anerkennen.

Wenn A etwas hat und B es haben will, dann hat A Macht im Verhältnis zu B.

Ohne die Akzeptanz seiner Macht sind Sanktionen des Chefs gegenüber dem Mitarbeiter wirkungslos.

Je ungleicher die Macht in einer Beziehung verteilt ist, umso größer ist die Gefahr, dass Missbrauch stattfindet. Wenn der daraus entstehende Konflikt zu sehr eskaliert, wird sich entweder ein offener Machtkampf entwickeln, oder die machtlosere Partei wird sich der Situation entziehen.

In formal definierten Konstellationen wie beispielsweise in einem Unternehmen ist die Ausprägung von Macht und Machtstrukturen meist größer als in informellen Strukturen wie beispielsweise Freundesgruppen. Dafür sind in informellen Strukturen die Verbindungen der Akteure meist vielschichtiger und enger.

In einem Unternehmen ist eine solche formale Hierarchie die klassische Abteilungsstruktur, informell ist dagegen beispielsweise die Beziehung in einem Projekt. Der Abteilungsleiter verfügt über formale Macht, über die Möglichkeit, Anweisungen zu geben, Belohnungen auszuteilen oder Abmahnungen zu schreiben. Projektleiter haben diese Möglichkeiten nicht. Ihre Macht begründet sich vorwiegend aus der Verantwortung für das Projekt und aus ihrer sozialen Kompetenz.

Die fünf Quellen der Macht

So viel zur theoretischen Erklärung der Macht. Nun ist Macht aber nicht einfach da. Zu den Quellen der Macht haben die Sozialpsychologen French und Raven umfangreiche Untersuchungen angestellt und fünf Kategorien vorgeschlagen:

1. **Legitime Macht** leitet sich aus einer Institution oder Instanz ab, die von den Beteiligten als legitim und relevant akzeptiert wird. Ein Beispiel sind Polizisten. Aufgrund der Ihnen vom Staat verliehenen Macht verfügen Sie über weiterreichende Rechte als der Normalbürger. Oder denken Sie an Führungskräfte in einem Unternehmen. Aufgrund ihrer jeweiligen Einordnung in die Hierarchie akzeptieren alle Beteiligten, dass mit bestimmten Führungsaufgaben auch entsprechende Rechte verbunden sind. Die vorgesetzte Führungskraft trifft stellvertretend für das Unternehmen Entscheidungen, an die sich die Mitarbeiter halten. Der Chef entscheidet, wann eine Sitzung stattfindet, wer teilnimmt und welche Themen einen Platz auf der Agenda finden. Er entscheidet, wer mit welchen Aufgaben betraut wird, wer das Unternehmen auf der nächsten Messe vertritt oder wer das Projektteam leitet.
Amtsinhaber neigen nicht selten zur Vermischung von Amt und Person. Die aus dem Amt resultierende Macht verschmilzt dann in der Selbstwahrnehmung mit den Eigenschaften der Person. Reaktionen des Umfelds, die dem Amt und dem Amtsinhaber gelten, verbucht der Betreffende konsequent als persönlichen Erfolg. Aus den Ergebnissen der sozialpsychologischen Forschung zur Attribuierung kennen wir die Verzerrung unserer Wahrnehmung bei der Interpretation der sozialen Umwelt. Wir neigen dazu, uns selber im Verhältnis

zu den Ereignissen als wichtiger wahrzunehmen. Wir haben die Tendenz, Ereignisse so zu interpretieren, als ob wir eine führende Rolle spielen. Wir glauben dann, dass wir das Verhalten anderer stärker als tatsächlich steuern oder beeinflussen.

Der einem Amtsträger entgegengebrachte Respekt und auch gegebenenfalls gewährte Vergünstigungen wird mancher dann leicht seinen persönlichen Eigenschaften zuschreiben und nicht dem Wunsch, vom Einfluss des Amtes zu profitieren. Vielleicht ist auch der ehemalige Bundespräsident Christian Wulff bei seinen Urlaubsreisen und sonstigen Aktivitäten in diese Falle getappt.

2. **Macht durch Belohnung** ist dadurch definiert, dass derjenige mit Macht über Belohnungen verfügt und dass diese Belohnungen für Dritte einen Wert haben. Belohnungen können dabei immateriellen Charakter haben wie Lob oder Zuwendung, ebenso kann es sich um Wirtschaftsgüter, Geld oder geldwerte Leistungen wie die Leitung eines interessanten Projekts handeln. Führungskräfte beurteilen Mitarbeiter und entscheiden so über Bonuszahlungen oder über Beförderungen. Der Wert der Belohnung hängt davon ab, welchen Wert sie für den Empfänger repräsentiert. Die dadurch hervorgerufene »Compliance« (Fügsamkeit, Bereitschaft) wird durch den Wunsch nach dem Erhalt einer Belohnung oder der Vermeidung von Strafe motiviert. Sie dauert in der Regel nur so lange, wie diese Belohnung oder Strafe in Aussicht gestellt werden können. Von Zeit zu Zeit ist eine Ausführung erforderlich, sonst verliert die Macht durch Belohnung an Bedeutung.

Belohnungen haben großen Einfluss auf das Lernen. Diese Tatsache ist in der Wissenschaft seit langem bekannt und umfangreich untersucht. Hat eine Handlung eine positive Konsequenz, werde ich sie wiederholen. Belohnte Handlungen werden bevorzugt ausgeführt verglichen mit Handlungen mit neutraler oder gar negativer Konsequenz. Ob die Konsequenz einer Handlung als Belohnung wirkt, hängt davon ab, wie sehr derjenige die Belohnung benötigt oder zu schätzen weiß, kann also individuell verschieden sein.

Der Chef führt das Jahresgespräch mit seinen Mitarbeitern und urteilt schlussendlich über deren Leistung, Entlohnung und weitere Beförderung. Damit hat der Chef für alle Mitarbeiter Macht, denen eine gute Beurteilung, eine Gehaltssteigerung oder womöglich der berufliche Aufstieg wichtig sind.

Macht durch Zwang ist der Gegenpol zur Macht durch Belohnung. Zwang meint bestrafende oder verweigernde Aktivitäten. Dazu gehören beispielsweise die Verweigerung der Teilnahme an einem Seminar, eine schlechte Beurteilung oder vielleicht sogar eine Entlassung. Es lässt sich diskutieren, ob Belohnung und Zwang Kehrseiten ein und derselben Medaille sind oder ob es sich hier um eine eigenständige Quelle von Macht handelt.

Aus der Lernpsychologie wissen wir, dass Lernen durch Belohnung in der Regel effektiver ist, dass vor allem aber das durch Belohnung unterstützte Verhalten häufiger gezeigt wird.

3. Die **Macht durch Identifikation** fußt auf dem Wunsch, so zu sein wie der Machthaber. Wir übernehmen Meinungen oder Werte von einer Person, weil wir akzeptiert oder sogar gemocht werden wollen oder weil wir ihr ähnlich sein möchten. Eine Beziehung zu dieser Person ist die Motivation für die Anpassung unseres Verhaltens. Dabei kann es sich um eine tatsächliche Beziehung zu einer Person aus unserem Umfeld handeln oder um die indirekte Beziehung zu einer entfernten Person, beispielsweise zu einem bewunderten Star, dem ich so zumindest indirekt nahe sein kann. Die Attraktivität der betreffenden Person ist die wichtigste Komponente dieser Macht durch Identifikation.

Bei einem Beispiel denkt jeder wohl als Erstes an Berühmtheiten aus den Medien – viele wollen so sein wie der bewunderte Star aus Film und Fernsehen, der Sportler oder Musiker. Immer wenn eine dieser Lichtgestalten auftritt, entsteht ein gewaltiger Hype. Auch in der Werbung wirkt diese Macht. Produkte erfahren mehr Aufmerksamkeit und werden von mehr Menschen gekauft, wenn ein Promi mit seinem guten Namen dafür wirbt – ob es nun Telekom-Aktien oder Gummibärchen sind. Das gleiche Gefühl können auch Führungskräfte wecken – nicht wenige Mitarbeitende bewundern ihre Chefs und eifern ihnen in wichtigen Aspekten nach. Zum Teil wird diese Bewunderung aus dem Charisma der bewunderten Person gespeist, zu einem anderen Teil auch aus den Vorteilen, die ich mir davon verspreche, wenn ich mich wie mein bereits jetzt erfolgreiches Vorbild verhalte. Denken Sie nur an die Begeisterung, die Steve Jobs mit seinen Präsentationen auslöste, oder an den berühmten »Monkeydance« von Steve Ballmer, zu finden im Internet auf verschiedenen Videoportalen.

Das beste Vorbild für die Karriere ist natürlich immer der Chef an der Spitze – wie hat er es geschafft und wie verhält er sich im Geschäft? Einschlägige Artikel zur Karriere zitieren die Wichtigen der Wirtschaft oder sie informieren uns anhand von Listen über die wesentlichen Karriereschritte – Studium an der richtigen Hochschule, dann den MBA und anschließend ein paar Jahre bei einer der großen Beratungen oder als Assistent des Vorstands. Dann klappt es auch mit der eigenen Personalentwicklung.

Der Psychologe Albert Bandura formulierte die Theorie des Modelllernens. Lernen findet demnach durch die Beobachtung von Modellen statt. Ein attraktives Modell oder eines mit hohem Status verstärkt den Lerneffekt. Wir neigen dann verstärkt dazu, das beobachtete und gelernte Verhalten auch anzuwenden.

4. **Macht** entsteht ebenso **durch Wissen.** Das kann in der konkreten Situation einfach das Wissen um die richtige Bedienung einer Gerätschaft sein oder das darüber weit hinausragende Wissen des Experten.
Wir leben in einer komplexen, vernetzten Welt, die sich zudem dynamisch verändert. Das hat zur Folge, dass die Welt dem Einzelnen zunehmend schlechter berechenbar erscheint. Wir leben in Zeiten exponentieller Veränderungen. Kurz nach dem Start im Jahr 1998 erreichten Google knapp 10 000 Suchanfragen täglich, im Sommer 2008 waren es allein aus Deutschland mehr als 100 Millionen Suchanfragen pro Tag. Wir bemühen uns, uns in dieser Welt zurechtzufinden, und sind uns doch immer mehr der Tatsache bewusst, dass wir unsere Zukunft kaum steuern oder beherrschen können. Es kommt immer wieder zu Entwicklungen, die wir nicht vorhergesehen haben. In einem derart unsicheren Umfeld haben wir den Wunsch, uns ein bisschen Sicherheit zu erhalten. Wir greifen also gerne auf Experten zurück. Menschen, die Bescheid wissen, zumindest über ihr Fachgebiet, und die uns vielleicht sogar die Welt erklären können. Wissen ist seit alters her eine strategische Ressource. Schon Schriftgelehrte oder Mönche haben ihre Macht darauf aufgebaut, dass sie über mehr Wissen verfügten als andere. Die Bedeutung der Experten nimmt in unseren wissensbasierten Gesellschaften mit steigender Geschwindigkeit zu.
5. Die fünfte Quelle der **Macht** ist die **der Information.** Sie ist definiert als der Zugang zu Informationen und die Kontrolle über die Wege der Kommunikation. Macht wird durch die Verbreitung wahrer oder falscher Informationen ausgeübt. Denken Sie beispielsweise an die Macht der Presse. Dadurch, dass sie Informationen zugänglich macht, übt sie erheblichen Einfluss auf die öffentliche Meinung aus und damit auf den weiteren Gang der Dinge in Politik, Wirtschaft oder Kultur. Nicht

umsonst wird die Presse auch als »Vierte Macht im Staat« bezeichnet.

DIE FÜNF QUELLEN DER MACHT SIND

- Legitimation
- Belohnung/Zwang
- Identifikation
- Wissen
- Information

Die Anwendung von Macht

Macht richtig anzuwenden, erlaubt es Ihnen, gesteckte Ziele mit der Unterstützung anderer zu erreichen. Wie aber wenden Sie Macht richtig an?

Ein wesentlicher Aspekt ist die Glaubwürdigkeit: Glaubwürdigkeit hängt zum einen davon ab, dass Sie von der Rechtmäßigkeit Ihres Ansinnens überzeugt sind (darf ich das?). Und zum anderen davon, dass Sie über die angenommene Macht tatsächlich verfügen (kann ich den anderen wirklich belohnen oder ihm die Belohnung vorenthalten?). Jede Anwendung von Macht birgt dieses Risiko mangelnder Wirksamkeit, und jede Anwendung von Macht verursacht Kosten. Eine ausgezahlte Prämie kann nicht mehr zurückgeholt werden, und eine erfolglose Abmahnung schadet meinem Image. Konstantes Verhalten und die dadurch entstehende Berechenbarkeit Ihres Verhaltens trägt erheblich zur Glaubwürdigkeit bei. Selbstsicheres Auftreten stärkt die Glaubwürdigkeit. Ergebnisse aus Versuchen und Feldforschungen beschreiben wesentliche Merkmale selbstsicheren Auftretens: gut recherchierte Informationen oder zumindest eine konsequent vorgetragene Meinung, entspannt, aber wachsam sein, langsame und klare Sprache, mehr Zuhören als Reden, mehr Fragen als Erklärungen, Handlungen vorschlagen und veranlassen, unabhängig von anderen handeln und Macht mit Konsequenzen spüren lassen.

Die Werte, Motive und Einstellungen der Menschen um Sie herum sind Schlüsselfaktoren für Ihre Möglichkeiten, Macht auszuüben. Wenn Sie die Bedürfnisse anderer Menschen sorgfältig analysieren und die richtigen Schlüsse ziehen, werden Sie die richtigen Belohnungen und möglichen Sanktionen zielsicher herausfinden. Ein wichtiger Aspekt ist auch das Machtbedürfnis anderer Personen in Ihrem Umfeld. Erkennen Sie Ansprüche rechtzeitig, kämpfen Sie, wo nötig, bilden Sie Allianzen, wenn die Chancen auf einen Sieg eher schlecht sind. Menschen mit einem gewissen Machtbedürfnis sind oft leichter zu führen. So paradox das auf den ersten Blick auch wirken mag, sind sie doch eher bereit, eine Hierarchie mit all ihren Konsequenzen zu akzeptieren. Schließlich streben diese Menschen nach einem Platz in genau dieser Hierarchie. Menschen mit einem geringen Machtbedürfnis kann eine Führungskraft nur über motivierendes Verhalten und intensives Argumentieren erreichen.

Gleichermaßen ist es ratsam, Ihrerseits die Ausübung von Macht zu akzeptieren, wenn Sie in der schwächeren Position sind. Ein verlorener Machtkampf wird Ihre Position sehr viel stärker beschädigen als eine ausgeführte Anweisung.

Wenn Sie Macht ausüben wollen oder müssen, beispielsweise als Führungskraft, werden Sie meist erleben, dass die Menschen Ihren Wünschen oder Anweisungen auch folgen. Menschen neigen dazu, sich regelkonform und konform zum Verhalten der übrigen Mitglieder Ihrer Gruppe zu verhalten. Die Tendenz zum konformen Verhalten unterstreicht unsere Zugehörigkeit zu einer Gruppe. Wir bevorzugen es, wenn unsere Meinung mit der anderer übereinstimmt und damit validiert wird. Wir können dadurch möglichem Zweifel an unserem Wissen oder unseren Meinungen entgegenwirken. Die Quellen unserer Wahrnehmung wirken auf uns umso verlässlicher, je mehr sie von anderen geteilt werden. Der Wert einer Information wird immer als höher eingeschätzt, wenn andere Menschen unsere Sicht der Dinge teilen. Auch wissen wir, dass Gruppen besser funktionieren, wenn grundsätzlich Übereinstimmung herrscht. Darum sind wir eher bereit, uns dem normativen Einfluss einer Gruppe zu unterwerfen. Das unterstützt ebenso unser Bestreben, akzeptiert, bestätigt und gemocht zu werden. Konformität festigt die Identität einer Gruppe. Dazu gehört es, Werte, Normen und Regeln der Gruppe und anderer Gruppenmitglieder bis zu einem gewissen Grad zu teilen. Die Gruppe ist Teil unserer sozialen Identität und wirkt dadurch intensiv auf unser Selbstbild.

Es ist allerdings gefährlich, Macht zu intensiv einzusetzen. Wenn Menschen das Gefühl haben, ihre Handlungsfreiheit sei zu sehr eingeschränkt, versuchen sie, diese wiederzuerlangen. Wird also der Druck durch einen Chef oder durch eine Gruppe so stark, dass er das individuelle Gefühl von Unabhängigkeit erheblich beeinträchtigt, widersetzen sich Menschen. Sie sind nicht selten sogar bereit, Nachteile in Kauf zu nehmen, nur um ihre Unabhängigkeit unter Beweis zu stellen. Dieses Phänomen ist in der Psychologie unter dem Begriff »Reaktanz« bekannt.

Konkret wird Macht immer dann, wenn Macht angewendet wird. Auf irgendeinem Handlungsfeld hat jeder Macht. Ein Unterschied liegt natürlich darin, wie stark diese Macht ist und ob Sie bereit sind, Ihre Macht auch zu nutzen.

In den folgenden Kapiteln konzentrieren wir uns auf die Determinanten der Macht, die für Sie in der Arbeitswelt Bedeutung hat.

2 MACHT UND CHARISMA
Von Aussehen bis Ausstrahlung

Schönheit ist Macht

Überschrieben mit dem Titel »Charisma« schildert die Frankfurter Allgemeine Sonntagszeitung einen wesentlichen Teil der Wirkung des Thomas Middelhoff: »Er lächelt immer. Leben macht Spaß. ... Thomas Middelhoff trifft man stets in entwaffnender Offenheit. Sein Charme bleibt jungenhaft. ... Er interessiert sich für Menschen. Ein Freund. Es fällt schwer, ihm nicht zu glauben«.

Wir entscheiden in Sekundenbruchteilen über die Eigenschaften, über die unser Gegenüber verfügt. Wir schreiben anderen auch komplexe Merkmale wie Intelligenz oder Ehrlichkeit zu. Die meisten Menschen entscheiden innerhalb von Sekunden, ob ihr Gegenüber ein Leistungsträger oder Versager ist. Wir schießen mit unseren Urteilen nicht selten über das Ziel hinaus, der Zusammenhang ist oft gleich null, aber wir fällen diese Urteile trotzdem.

Urteile anhand des Erscheinungsbildes sind biologisches Programm. Kevin Dutton ist promovierter Psychologe und arbeitet als Research Fellow am Faraday Institute des St. Edmund's College der Universität Cambridge. Er hat untersucht, warum wir so leicht auf andere Menschen hereinfallen. Er fasst die vorliegenden Studien dahingehend zusammen, dass sich Überzeugungskraft aus wesentlichen Elementen zusammensetzt: Sympathie, Eigeninteresse und einfache Botschaften. Wenn Sie jemanden überzeugen wollen, sollten Sie dafür sorgen, dass er sich wohl fühlt. Dann ist die Chance, dass Sie erfolgreich sind, viel größer. Emotionen sind wichtiger als Fakten, Fakten als Mittel der Beeinflussung werden weit überschätzt. Wenn wir uns wohl fühlen und den Gesprächspartner sympathisch finden, halten wir eine Botschaft für glaubwürdiger.

»Es ist keine Frage, dass es weniger attraktive Menschen in unserer Gesellschaft schwerer haben, in allen Bereichen«, sekundiert Frank Naumann, Berliner Autor und Kommunikationstheoretiker. Schöne Menschen gelten als intelligenter und sozial kompetenter. Sonja Bischoff, Professorin für Allgemeine Betriebswirtschaftslehre an der Universität Hamburg, ergänzt: »Nur mit Wissen kann niemand eine besondere Ausstrahlung erhalten, die heutzutage vor allem für Führungskräfte ausgesprochen wichtig ist.« In einer Langzeitstudie untersuchte sie die Bedeutung des Aussehens als wichtige Determinante bei der Einstellung von Personal. Stuften das Aussehen 1986 lediglich sieben Prozent als wichtig ein, sind es 2003 bereits 28 Prozent. Schöne Menschen sind demnach selbstbewusster und wirken zielstrebiger. Karl Bosshard von der Kienbaum Personalberatung stellt fest: »Massives Übergewicht kann die Karriere bremsen.« Ein straffer Bauch symbolisiert eben: »Ich esse nicht, ich arbeite.« Auch Erika Otto von der SCS Personalberatung meint: »Weniger attraktive Menschen haben es auf jeden Fall schwerer, innerhalb eines Unternehmens aufzusteigen.«

Daniel S. Hamermesh, Sue Killam Professor an der Universität von Texas und Professor für Wirtschaftsökonomie an der Universität von Maastricht, hat eine umfangreiche Studie mit vielen Sekundäranalysen einschlägiger Untersuchungen durchgeführt. Sein eindeutiges Fazit spiegelt sich in dem Buchtitel *Beauty Pays* wider. Er zeigt, dass attraktive Menschen bei Einstellungen bevorzugt werden, dass Sie bessere Arbeitsergebnisse attestiert bekommen und besser bezahlt werden.

Auch bei Politikern entscheidet Attraktivität oft über den Wahlerfolg – vor allem bei Politneulingen. Eine ganze Reihe wissenschaftlicher Studien belegt: Wer besser aussieht, bekommt bei Wahlen mehr Stimmen. Ob Österreich, USA, Finnland oder Frankreich: Überall, wo Wissenschaftler die Attraktivität von Kandidaten mit ihren Wahlerfolgen verglichen, stießen sie auf diesen Zusammenhang. »Schönheit liegt nicht im Auge des Betrachters«, betont Marcus Klein, Professor für Politische Soziologie an der Universität Hannover. Überall werden dieselben Menschen als schön angesehen. In der Politik profitieren die Attraktiven, weil Wähler ein makelloses Äußeres mit Kompetenz und Durchsetzungsfähigkeit verbinden.

Bernd Guggenberger lehrt als Professor für politische Wissenschaften an der Freien Universität Berlin. Er bringt den Sachverhalt auf eine einfache Formel: »Schönheit ist Macht.« Verglichen mit der Realität sind im Fernsehen schöne Menschen um den Faktor zwölf überrepräsentiert. Darum wird auch in der Politik Schönheit ein immer wichtigerer Faktor. Wir orientieren uns an den gewohnten Bilderwelten. Den zweiten wichtigen Grund sieht Bernd Guggenberger darin, dass wir in einer für den Betrachter zunehmend komplexen und unübersichtlichen Welt leben. Wir suchen daher nach klaren und einfachen Regeln. Statt viel Zeit zu investieren, um sich ein umfassendes Bild von der Position eines Kandidaten zu machen, orientiert sich die Mehrheit der Wähler an wenigen hervorstechenden Merkmalen. Schönheit reduziert auf einen Schlag Komplexität und damit die Unsicherheit der Entscheidung.

Wer kompetent und überlegen aussieht, hat schon gewonnen. Gutes Aussehen verschafft Macht.

In Sekundenbruchteilen machen wir uns ein Bild von anderen Menschen – einschließlich der Zuschreibung auch komplexer Eigenschaften. Wir entscheiden spontan, was von dem anderen zu halten ist. Ein Relikt der menschlichen Entwicklungsgeschichte. Für unsere Vorfahren war es überlebenswichtig, sehr schnell die richtige Entscheidung zu treffen. Flucht oder Verteidigung? Unser Gehirn benutzt Abkürzungen, um zu schnellen Entscheidungen zu kommen. Eine davon ist der Halo-Effekt: Wenn unser Gegenüber eine gute Eigenschaft hat, schreiben wir ihm, ohne das zu hinterfragen, andere gute Eigenschaften zu. Ist also jemand offensichtlich gut aussehend, halten wir ihn auch für sympathisch und ehrlich.

Zum ersten Eindruck tragen ineinander verwoben eine Vielzahl von Elementen bei – Gesichtsausdruck, Stimme, Gestik, Körperhaltung, Kleidung, die Art und Weise, wie wir angesprochen werden, und vieles mehr. Deutliche Signale werden dabei eher und stärker als undeutliche wahrgenommen, ein dominantes Signal kann alle anderen überstrahlen.

Der erste Eindruck ist hartnäckig. Korrigiert werden kann er, aber wir lassen uns Zeit damit. Nach etwa 90 Sekunden beginnen wir, die Spontanurteile des ersten Eindrucks zu überprüfen. Unsere Überprüfung hat dabei allerdings eine leichte Schieflage: An unserem Gegenüber achten wir dabei bevorzugt auf Merkmale, die unsere ursprünglich gemachte Wahrnehmung bestätigen, abweichende Informationen haben es schwerer, unsere Aufmerksamkeitsschwelle zu überwinden.

Attraktiv finden wir unser Gegenüber dann, wenn der Körper annähernd symmetrisch gestaltet ist und die Person eine gleichmäßige Hautfarbe hat. Das bestätigten William Brown und sein Team von der Brunel-Universität in einer Studie. Besonders männlich erscheint uns ein Körper dann, wenn er breite Schultern, kürzere Beine, ein größeres Körpervolumen und eine höhere Körpergröße hat. Mit diesen Merkmalen wirken Männer attraktiv auf Frauen. Frauen hingegen wirken anziehend auf Männer, wenn sie schmalere Schultern, längere Beine, ein niedrigeres Körpervolumen und eine geringere Körpergröße aufweisen. Die hauptsächliche Ursache für den Zusammenhang zwischen Körpersymmetrie und Attraktivität sieht die Forschung darin, dass symmetrische Körper auf einen besseren Gesundheitszustand und eine höhere Fortpflanzungsfähigkeit hinweisen. Ebenso wie auf die Symmetrie achten wir unbewusst auf das Verhältnis von Taille zu Hüfte – ideal bei Männern ist die Maßzahl 0,9, bei Frauen 0,7. Auch wenn besonders Frauen über die Jahre hinweg im Durchschnitt immer schlanker wurden, blieb das Taille-Hüfte-Verhältnis etwa gleich, wie schon in den 90er Jahren die Forschungsergebnisse von Devendra Singh belegten.

Wollen Sie ein ordentliches Gehalt beziehen? Und für Ihre Leistung geschätzt werden? Dann sollten Sie als Mann etwa 1,91 Meter groß sein, als Frau aber nur 1,60 Meter. Statistiker finden immer wieder Zusammenhänge zwischen Körpergröße und beruflichem Erfolg. Sie werden als großer Mensch eher Präsident der Vereinigten Staaten oder auch Vorstand. Männer mit einem überdurchschnittlichen Nettolohn sind nach Untersuchungen von Fabian Spanhel größer als der Durchschnitt.

Auch Catherine Hakim beschreibt in ihrem Buch *Erotisches Kapital*, dass das erotische Kapital eines Menschen aufs Engste mit seinem Erfolg zusammenhängt: Für den sozialen Aufstieg und die Höhe des Einkommens spiele das gewisse Etwas eine ebenso große Rolle wie beispielsweise die Ausbildung. Um bis zu 13 Prozent mehr verdienen schöne Menschen. Hakim definiert »erotisches Kapital als das Zusammenwirken von Sex-Appeal, Schönheit und sozialer Attraktivität«. Sie sagt, auch Lebendigkeit sei wichtig und die Art, wie man auftritt: Kleidung, Frisur, Make-up.

Erfolg hängt von vielen Dingen ab. Intelligenz und Kompetenz sind natürlich wichtig, vielleicht sogar am wichtigsten. Wenn wir aber einmal annehmen, dass mehrere Menschen gleich schlau sind, dann gewinnt der schönere. Schönheit ist ein knappes Gut und daher wertvoll.

Beinahe alle aktuellen Studien aus Soziologie, Ökonomie und Psychologie zu den Auswirkungen des Aussehens auf den beruflichen Erfolg berichten ähnliche Ergebnisse: Attraktivität spielt eine wichtige Rolle für das Fortkommen. Das Aussehen ist sogar wichtiger geworden, je mehr Menschen in der Öffentlichkeit stehen. Früher waren es vorwiegend Medienschaffende, Politiker sowieso, inzwischen sind auch Manager beiderlei Geschlechts immer öfter in den Medien präsent. Auch Journalisten und Fotografen werden sich, wenn es eine Alternative gibt, vermutlich für den Menschen entscheiden, mit dem sich ein besseres Hingucker-Foto machen lässt.

Schönheit ist ein Bestandteil von erotischem Kapital. Jeder kann etwas davon haben – und das herausstellen, was ihn attraktiv macht. Mit Anstrengung und Einsatz ist das möglich. Das beginnt damit, sich bewusst zu kleiden, zu pflegen, zum Friseur zu gehen, auf seinen Körper zu achten. Hakim stellt fest, dass gut aussehende Frauen wie überall sonst auch im Top-Management Vorteile haben. Sehen sie allerdings außerordentlich gut aus und treten zudem weiblich und sinnlich auf, kann sich die Wirkung umdrehen: Sie werden für nicht seriös gehalten und rücken nicht bis an die Spitze eines Unternehmens. Natürlich denkt Catherine Hakim über den Minirock hinaus, sie sagt sogar, der habe im Berufsleben nichts verloren. Das erotische Kapital der Männer und Frauen besteht aus Charme, Temperament, Kleidung, guten Manieren, Eleganz und Ausstrahlung. Schöne Menschen sind beliebter, sie werden für intelligenter gehalten, sie bekommen oft die besseren Jobs. Schon ein attraktives Baby wird mehr angelächelt und heimst mehr Aufmerksamkeit ein.

Körpersprache und Aufmerksamkeit

Beim ersten Kontakt werden negative Emotionen schneller wahrgenommen als positive – vielleicht hat das mit der möglichen Bedrohung zu tun, die eine schnelle Reaktion erfordert. Fehlen eindeutig positive Signale, so ist der Gesamteindruck eher negativ. Positive Signale sind eine entspannte Körperhaltung, das Lächeln unseres Gegenübers und eine warme freundliche Stimme. Weitere entscheidende Elemente sind die Aufmerksamkeit des Anderen für uns – körperliche Hinwendung, Lächeln und Nicken.

Der Eindruck, den wir auf andere machen, wird von zwei wesentlichen Elementen bestimmt – der Körpersprache und dem Sprechen. Körpersprache ist lange vor der gesprochenen Sprache entstanden. Sie ist die ursprünglichere Form der Verständigung und hat meist einen größeren Stellenwert. Wir achten – häufig unbewusst – auf all das, was nicht durch das Sprechen ausgedrückt wird: Gestik, Mimik, Blickkontakt und Körperhaltung. Zur Körpersprache gehören auch »künstliche« und damit bewusst gestaltete Elemente wie Kleidung, Frisur, Make-up und Schmuck. Gerade diese Signale werden häufig eingesetzt, um unser Rollenverständnis (»Banker«, »Kreativer«) zu illustrieren oder Mitteilungen über die Persönlichkeit (»cool«, »wichtig«) zu machen.

Unser früherer Bundeskanzler Gerhard Schröder hatte 2002 wahrscheinlich seinen ganz persönlichen Bad Hair Day. Er ließ einer Stilberaterin die öffentliche Aussage untersagen, dass er sich die Haare färbe. Zwei Dinge wurden dadurch unterstrichen: Zum einen ein nahezu lächerlicher Mangel an Souveränität und zum Zweiten die Bedeutung des Aussehens für die öffentliche Wahrnehmung. Inzwischen gibt es Personen des öffentlichen Lebens, die deutlich lockerer mit dem Thema umgehen können.

Michael Schumacher bekennt sich öffentlich dazu, seine Haare zu färben, und Volker Bouffier setzt das Thema sogar offensiv ein. Er legte bei einem Besuch der BILD-Redaktion Wert auf die Feststellung, dass er sich tatsächlich und zwar auf Anraten seiner Frau die Haare färbe. Eigentlich sei er grauer. Auch der Pop-Titan Dieter Bohlen diskutiert mit RTL inzwischen öffentlich darüber, ob man nicht mehr von seinen Falten zeigen solle. Das Thema ist also wahrhaft brisant.

In unserer Umwelt konkurrieren eine Vielzahl von Elementen um unsere Aufmerksamkeit. Und das tun auch Menschen – ob sie sich um einen attraktiven Arbeitsplatz bewerben oder Freundschaft schließen wollen. Georg Franck beschreibt in seiner *Ökonomie der Aufmerksamkeit*, dass es in unserer Gesellschaft nicht an Informationen oder möglichen Kontakten mangelt, sondern an der ausreichenden Aufmerksamkeit für diese Angebote. Franck definiert Aufmerksamkeit als das knappste Gut unserer Zeit. Denken Sie an die Vielzahl an Menschen, denen Sie täglich begegnen und denken Sie an die Vielzahl an Informationen, die Sie täglich erhalten. Schätzungen zufolge enthalten allein die Ausgaben einer Woche der New York Times mehr Informationen als eine Person im 18. Jahrhundert in ihrem ganzen Leben erfahren konnte. Das wirklich knappe Gut ist also die Aufmerksamkeit. Denn unsere Kapazität, Informationen aufzunehmen oder Menschen kennenzulernen und Kontakt zu halten, ist begrenzt. Ebenso wie wir anderen oft nicht das von ihnen gewünschte Maß an Aufmerksamkeit geben können, konkurrieren wir natürlich ebenso um die Aufmerksamkeit relevanter Dritter. Diese Aufmerksamkeit anderer Menschen ist das ebenso begehrte wie knappe Gut.

Wie erlangen Sie diese Aufmerksamkeit? Beispiele finden Sie in der Werbung: Irritieren, Informieren, Wiederholen und Implementieren. Durch Irritation entsteht die Bereitschaft, genau hinzuschauen, durch Information erzeuge ich Aha-Erlebnisse und durch Wiederholung schaffe ich Erinnerungswerte. Durch einen gelungenen Auftritt und durch gute Selbstdarstellung schaffen Sie genau diese Aufmerksamkeit für Ihre Person und Ihr Anliegen. Sie gewinnen Macht über die Zeit anderer Menschen und können diesen Einfluss für Ihre Ziele nutzen.

Bei einigen von uns ist die Körpersprache klar zu erkennen, sie tragen ihre Gefühle offen zur Schau, andere sind eher schlechte Sender. Zusätzlich gelten kulturelle Normen. Auch berufliche Situationen verlangen von uns häufig die bewusste Kontrolle unserer Körpersprache. Verhandlungen sind meist nicht immer der geeignete Rahmen, um Gefühle zu zeigen. Frauen dürfen in unserer Kultur emotionaler sein als Männer, aber auch dafür gibt es relativ enge Grenzen. Wir spüren dann Unwohlsein, wenn Emotionen zu hemmungslos gezeigt werden; ein Zuviel an Ärger über Kleinigkeiten gilt als kindisch, unerwachsen oder übertrieben. Und was zu viel ist oder eine Kleinigkeit, bestimmen wir gerne für andere – oder die anderen für uns.

Körpersprache können wir nicht eins zu eins interpretieren. Jede Übersetzung von Körpersprache ist eine Interpretation, die Signale sind immer in Zusammenhang mit anderen Faktoren wie beispielsweise dem kulturellen Hintergrund oder der konkreten Situation zu sehen. Zu Fehlern in der Auslegung führt häufig die Konzentration auf einzelne Elemente, z. B. nur auf den Gesichtsausdruck. Körpersprache ist grundlegender, unmittelbarer und damit schwieriger zu manipulieren als die gesprochene Sprache.

Manche können diese Signale sehr geschickt und bewusst einsetzen. Sind Sie dieser Manipulation hilflos ausgeliefert? Nein! Zumindest Hinweise auf bewusst eingesetzte Täuschung gibt es. Anzeichen sind Brüche im Verhaltensmuster. Passen zum Beispiel Körperhaltung und Inhalt nicht zusammen, wird etwa die Versicherung ungeteilter Wertschätzung mit einer leichten Vergrößerung der räumlichen Distanz verbunden, dann schließen wir auf Unwahrheiten in der Aussage. Im Falle eines Zweifels dominiert die Aussage der Körpersprache unsere Wahrnehmung. Ähnlich wirken Brüche in den Mikroemotionen, das heißt, dass die Bewegungen und der Inhalt nicht parallel erfolgen, beispielsweise wenn ein Lächeln um Sekundenbruchteile zu spät einsetzt. Um derartige Täuschungen erkennen zu können, müssen Sie sich sehr auf Ihren Gesprächspartner konzentrieren. Je mehr Aufmerksamkeit Sie anderen widmen, umso besser können Sie solche Signale wahrnehmen.

An amerikanischen Flughäfen patrouillieren inzwischen Behaviour Detection Officers. Ihren Job haben sie dem in der Zwischenzeit verstorbenen Osama Bin Laden zu verdanken – und der amerikanischen Verkehrssicherheitsbehörde TSA. Die Offiziere sind darin ausgebildet, anhand körperlicher Merkmale potenzielle Terroristen zu identifizieren. Paul Ekman, der Nestor der psychologischen Erforschung menschlicher Emotionen, behauptet, tatsächlich erkennen zu können, ob jemand lügt oder etwas zu verbergen habe. Ernsthaft forschende Kollegen allerdings bezweifeln diese vollmundige Behauptung. Ebenso kommt Paul Ekman selber in seinem Buch *Telling Lies* zu der Aussage: »Although micro expressions always show concealed emotions, there are two important cautions. First, there is no way to know from the micro expression whether the concealment is deliberate and whether the person showing the expression truly does not know how he or she is feeling. Second, a concealed emotion does not in itself prove that the person already has committed or intends to commit an offense.« (S. 356).

Ein anderes Beispiel für die Schwierigkeit entsprechender Rückschlüsse sind die Befunde des Polygraphen – des Lügendetektors. Alle Experten, auch die seriösen Anwender des Geräts, sind sich darin einig, dass die Erregung einer Person damit verlässlich gemessen werden kann. Ich messe in solchen Situationen allerdings nur, ob jemand angespannt ist – dafür kann es aber eine Reihe von Gründen geben, von tatsächlicher Schuld über die Irritation aufgrund des Vorwurfs bis zur Erregung über Gewaltakte wie Terrorismus oder Mord an sich.

Lässt man erfahrene Menschen wie Polizeibeamte, Staatsanwälte oder Richter den Wahrheitsgehalt von Zeugenaussagen beurteilen, so entspricht auch ihre Trefferquote in der Regel dem Zufall. Erfahrene Ermittler sind sich ihrer Sache sehr sicher, sehr viel mehr als durchschnittliche Bürger, mit ihrem Urteil liegen sie aber genauso oft daneben.

Nützlicher für Sie ist es, wenn Sie daran arbeiten, Ihre Körpersprache gezielt einzusetzen. Sie vermitteln damit Botschaften, unterstreichen Ihre Aussagen und schützen sich gegebenenfalls vor Missverständnissen. Körpersprache kann – in einem gewissen Rahmen – eingeübt und kontrolliert werden, Training kann für die Kommunikation sensibilisieren und die Kommunikation deutlich erleichtern. Ihr Sozialverhalten verbessert sich, wenn Sie für die Signale der Körpersprache empfänglich sind. Es wird Ihnen bewusster sein, warum Sie Situationen auf bestimmte Art und Weise bewerten. Wohlgefühl oder Unbehagen in der Gesellschaft anderer hat immer Ursachen. Je besser Sie diese kennen, desto besser können Sie auch mit der Situation umgehen. Nur wenn Sie wissen, was Sie stört, können Sie Ihre Partner darauf ansprechen und eine Änderung bewirken.

Für das Verständnis der Körpersprache gilt es den kulturellen Kontext zu berücksichtigen. Für Japaner schickt es sich nicht, in der Öffentlichkeit Emotionen zu zeigen, ein klassischer Handschlag wird in Asien kaum als positive Begrüßung wahrgenommen, der herausgestreckte Daumen ist im Irak und Iran eine Beleidigung, intensiver Blickkontakt wird nicht überall geschätzt. Weltweit sind etwa 700 000 verschiedene Gesten bekannt – dementsprechend lang ist die Liste möglicher Missverständnisse.

Mimik, Gestik und Positionierung im Raum

Wesentliche Elemente der Körpersprache sind die Körperhaltung, Mimik, Gestik und die Positionierung im Raum.

Mimik ist das Mienenspiel (von griechisch »mimos« – Schauspieler). Menschen verfügen über eine einzigartig ausdrucksstarke Mimik. Einige Elemente der Körpersprache werden unabhängig von der Kultur verstanden, dies trifft in besonderem Maße auf die Mimik zu. Weitgehende Übereinstimmung findet sich in den sogenannten Basisemotionen: Freude, Trauer, Wut, Ekel, Überraschung oder Angst werden von allen Menschen nahezu gleich ausgedrückt und auch von allen Menschen gleich interpretiert. Komplexere Gesichtsausdrücke sind Mischungen der sechs Grundformen. Grinsen beispielsweise ist eine Kombination aus leichter Drohung, Furcht und Unterwerfung: Lächeln unter Freilegen der oberen Zahnreihe.

Besondere Bedeutung im Gesicht haben die Augen. Im Kontakt mit anderen Menschen verwenden wir viel Zeit und Energie auf den Blickkontakt. Wichtig sind für uns die Häufigkeit und die Dauer – je länger uns jemand ansieht, desto mehr Aufmerksamkeit und Akzeptanz setzen wir voraus. Zu wenig Augenkontakt interpretieren wir häufig als mangelndes Interesse, als Ablehnung oder als Gefühl von Schuld. Sie erzielen bei Ihrem Gegenüber eine gute Wirkung, wenn Sie andauernden, aber von Zeit zu Zeit kurz unterbrochenen Blickkontakt aufbauen. Ein Fehler wäre es allerdings, andere anzustarren. Ununterbrochener Blickkontakt führt dazu, dass wir uns unwohl und bedroht fühlen. Gegenseitiges Anstarren wird damit häufig zum Auftakt für ein Kräftemessen.

Das Wichtigste an der Mimik: Lächeln Sie! Wer lächelt, wirkt positiv! Lächeln ist der beste Weg, andere freundlich zu stimmen. Lächeln ist ein wichtiger Puffer gegen Missstimmung und Aggression, Lächeln löst freundliche Antworten aus. Selbst Unverschämtheiten, lächelnd vorgetragen, wirken gleich weniger aggressiv.

Das hat sogar die Deutsche Bahn verstanden. Früher gab es noch die Bundesbahn und ihre Beamten, besonders markant war der meist übelgelaunte Schaffner. Heute sehen wir uns auch bei der Bahn einer Charmeoffensive gegenüber. 2010 hat die Bahn das Training »Wir freuen uns auf unsere Kunden« für alle Kundenbetreuer durchgeführt. Ein wesentliches Element des Trainings bestand darin, dass die Kundenbetreuer zu lächeln lernten. Das Lächeln wurde im Training mit einem Essstäbchen zwischen Zähnen und Lippen eingehend geübt. Ob es auch im Alltag klappt, können am besten die regelmäßigen Bahnfahrer unter den Leserinnen und Lesern beurteilen.

Gestik ist ein weiteres wichtiges Element unserer Körpersprache. Gerade die Bewegungen unserer Hände ziehen besondere Aufmerksamkeit auf sich. Bereits im Alter von einem Jahr folgen Kinder der Zeigegeste von Bezugspersonen und benutzen selber den Zeigefinger. Hinzu kommen dann nachahmende Gebärden zur Repräsentation von Gegenständen und zur Illustration von Absichten. Diese Entwicklung nimmt Michael Tomasello, Direktor am Max-Planck-Institut für evolutionäre Anthropologie in Leipzig, zum Ausgangspunkt seiner Überlegungen zu den Ursprüngen der menschlichen Kommunikation.

Gesten enthalten signifikante Informationen – alleine und in der Kombination mit dem gesprochenen Wort. Gesten unterstützen dabei in erheblichem Maße das Verständnis – es werden bis zu 50 % mehr Informationen aufgenommen und behalten, wenn der gesprochene Inhalt durch Gesten begleitet wird. Menschen, die ihre Worte durch Gestik unterstreichen, wirken auf uns auf der einen Seite interessanter und auf der anderen Seite vermitteln Sie den Eindruck stärkeren Engagements in der Sache. Am häufigsten wird dann gestikuliert, wenn wir schwierige

Sachverhalte erklären wollen, und dann, wenn wir in einer Situation unter Stress stehen.

Gesten wirken am stärksten, wenn Sie drei wesentliche Aspekte beachten: Ausdrucksstarke Gesten sollten außerhalb der Körpermitte ausgeführt werden, sie sollten ein klein wenig vor dem Sprechen starten und sie sollten einige Sekunden lang sichtbar bleiben. Dann werden sie in aller Regel vom Gegenüber als positiv und sicher wahrgenommen.

Eine ganz besondere Geste ist der Händedruck zur Begrüßung: Mit Ihrem Händedruck können Sie Selbstbewusstsein und Zutrauen vermitteln. Die besten Chancen haben Sie mit einem kurzen festen Händedruck, kein langes Festhalten, kein »Knochenbrecher« und kein »toter Fisch« bitte. Der kurze körperliche Kontakt entspannt und wirkt positiv. Der Händedruck sollte natürlich mit einer Anrede verbunden werden. Sehr persönlich und überschwänglich, allerdings auch leicht dominant, ist die beidhändige Begrüßung. Dabei legen Sie die zweite Hand auf die Hand des Begrüßten oder auf den Unterarm. Diese Begrüßung drückt fast immer eine besondere Beziehung zum Gegenüber aus. Es kann sich um einen guten Freund handeln, um große Freude am Kennenlernen oder um ein besonderes Ereignis.

Gestik lässt sich meist nicht eindeutig interpretieren, bestimmte Gesten werden aber von unserem Umfeld als klare Signale interpretiert: Aneinandergelegte Fingerspitzen und Daumen signalisieren demnach Selbstvertrauen oder Überlegenheit. Beide Hände hinter dem Kopf verschränkt wirken selbstbewusst oder sogar überlegen. Kratzen oder Reiben am Kopf lassen andere häufig auf Zweifel an der Darstellung oder auf Unsicherheit schließen. Den Kopf auf einige Finger gestützt vermitteln Sie aufmerksames Zuhören, Analyse und Reflexion. Geballte Hände gelten als Ausdruck von Dominanz und Aggressivität.

MACHTVOLLE GESTIK

Starten Sie Ihre Gestik ein klein wenig eher als die Worte.

Gesten sollten kraftvoll und dynamisch sein und nicht mitten in der Bewegung abbrechen.

Gesten mit beiden Händen wirken sehr viel stärker als Gesten mit einer Hand.

Vermeiden Sie nach Möglichkeit Gesten mit negativem Gehalt, z. B. erhobener Zeigefinger, Zeigen auf Personen, Verschränken der Arme vor der Brust, Arme in den Hosentaschen.

Wechseln Sie die Hände ab, gestikulieren Sie nicht immer nur mit rechts oder links.

Die eigene Positionierung zu anderen Personen im Raum enthält eine Reihe von Informationen. Individualabstände sind aber immer vor dem kulturellen Hintergrund zu beurteilen: So halten Nordeuropäer gerne einen etwas größeren Abstand zu ihrem Gesprächspartner als Südeuropäer. Der intime Nahbereich des Menschen reicht ungefähr bis 45 cm. Überschreitungen dieser Grenze durch Fremde führen zu Stresssymptomen und erhöhter Aufmerksamkeit. Die übliche Entfernung mit weniger vertrauten Personen reicht von ca. 45 cm bis zu ca. 150 cm. Der Aufenthalt in diesem Bereich schafft Nähe, ermöglicht uns aber, entspannt miteinander umzugehen. Berührungen sind möglich, werden uns aber nicht aufgezwungen. Wenn ich mich unbehaglich fühle, kann ich die Distanz in diesem Bereich leicht vergrößern.

Generell gilt, dass Personen, die dicht beieinander stehen oder sitzen, vertraut miteinander sind – oder dass der Partner, der den geringeren Abstand wählt, Vertrautheit herstellen möchte. Vertrautheit wird auch in kurzen wechselseitigen Berührungen sichtbar. Gehen die Berührungen nur von einer Person aus, wird es sich um den hierarchisch

Höherstehenden handeln. Zwei, die sich im Gespräch genau gegenüberstehen, möchten nicht gestört werden. Zwei Personen, die bei einem Gespräch im rechten Winkel zueinander stehen, sind bereit, weitere Partner in ihre Runde aufzunehmen. Personen, die direkt gegenübersitzen, haben entweder auch einen größeren persönlichen Abstand oder sie befinden sich in einem Konflikt. Gerne wird von Vorgesetzten ein Tisch als zusätzliche Barriere gewählt, besonders bei schwierigen Gesprächen. Personen am Kopfende eines Tisches sind meistens die Leiter der Sitzung oder die Gastgeber der Veranstaltung.

Die körperliche Orientierung ist generell ein Ausdruck der Aufmerksamkeit und der Sympathie: Personen, die von uns leicht abgewandt stehen oder die zurückgelehnt sitzen, signalisieren uns mangelnde Aufmerksamkeit oder Ablehnung. Die Bewegung auf uns zu, beispielsweise die Verringerung der Distanz, zeigt eine positive Orientierung. Personen, die sich in Einklang miteinander befinden, zeigen oft ein hohes Maß an kongruenten Bewegungen und häufige gegenseitige Berührungen. Ersatzhandlungen oder Übersprungshandlungen sind Ausdruck für innere Konflikte, beispielsweise den – unentschiedenen – Widerspruch zwischen Angriff und Verteidigung. In Wartesituationen (bspw. vor wichtigen Verhandlungen) zeigen viele Menschen solche Ersatzhandlungen, um ihre innere Spannung abzubauen. Beispiele dafür sind das Ordnen der Kleidung oder von Gegenständen, Rauchen, Gähnen, das Kauen auf Füllern oder Fingernägeln.

Körpersprachliche Signale lassen sich in vier wesentliche Bereiche einteilen. Sie werden durch die Faktoren »Macht und Dominanz«, »Unsicherheit und Stress«, »Sympathie und Wertschätzung« sowie »Ablehnung und Distanz« beschrieben. Für jeden dieser Faktoren gibt es typische Signale:

MACHT UND DOMINANZ

Körperhaltung
- gespreizte Beine (im Stand)
- Beine übereinandergeschlagen (im Sitzen)
- entspannt zurückgelehnt (im Sitzen)
- nach vorne gebeugt
- gerade aufgerichtet (im Stand)

Mimik
- intensiver Blickkontakt
- Lächeln, oft leicht verkrampft
- weit geöffnete Augen
- hochgezogene Brauen

Gestik
- geballte Faust
- weisen auf den anderen (Zeigefinger)
- ausgrenzende Gesten
- abrupte Gesten

UNSICHERHEIT UND STRESS

Körperhaltung
- verkrampft
- nimmt wenig Raum ein
- Arme verschränkt

Mimik
- Lächeln, eher angedeutet
- Vermeidung von Blickkontakt
- Schnell wechselnd

Gestik
- wenig Gestik
- unsichere Bewegungen
- unterbrochene Gesten

SYMPATHIE UND WERTSCHÄTZUNG

Körperhaltung
- offen
- zugewandt
- entspannt
- geringerer Abstand

Mimik
- Blickkontakt, mit kleinen Pausen
- Lächeln
- geöffnete Augen

Gestik
- Körperkontakt
- viele Gesten
- flüssige Bewegungen

 ABLEHNUNG UND DISTANZ

Körperhaltung
- Beine übereinandergeschlagen (im Sitzen)
- leicht abgewendet
- Kopf weggedreht
- größerer Abstand

Mimik
- wenig Blickkontakt
- leicht geschlossene Augen
- Lippen verkniffen

Gestik
- geschlossene Arme
- wenig Gestik
- abrupte Gesten

Nonverbale Machtspiele

Zwischen Personen kann es immer wieder zu Machtspielen kommen. Ignorieren ist die Missachtung von Umgangsformen oder Spielregeln: Ihnen wird kein Stuhl angeboten, Sie bleiben hilflos im Raum stehen. Obwohl Sie ein wichtiges Gespräch mit Ihrem Vorgesetzten führen, kommt es immer wieder zu Unterbrechungen durch Telefonate, andere Personen oder eingehende Mails, die Ihr Gesprächspartner unbedingt rasch prüfen muss. Behalten Sie die Nerven! Bleiben Sie ruhig. Die Wirkung verpufft meist, wenn Sie zeigen, dass Sie sich nicht ärgern lassen.

Wenn derartige Störungen allerdings penetrant werden, sprechen Sie die Störungen an. Machen Sie deutlich, dass Ihnen dieses Verhalten missfällt und ein gutes Gespräch verhindert. Wenn sich nichts ändert, handeln Sie: Schlagen Sie vor, das Gespräch zu vertagen. Beginnen Sie mit eigenen Ausarbeitungen! Und wenn all das nicht hilft: Stehen Sie auf und verlassen Sie den Raum. Wenn Sie diese Störungen akzeptieren, haben Sie schon verloren. Wenn es zu einem Gespräch darüber kommt, formulieren Sie klar und deutlich (ruhig bleiben!) Ihren Standpunkt und machen Sie klar, dass dieses Verhalten für Sie nicht akzeptabel ist.

Versteckte Angriffe werden Sie immer wieder auf nonverbaler Ebene erleben. Häufig ist es der Versuch, Sie zu verwirren oder vom roten Faden abzubringen. Beispiele sind Kopfschütteln, ironisches Lächeln oder lautes Auflachen, Reden mit Sitznachbarn, Blättern in den Unterlagen oder mitgebrachten Akten. Sollen Sie sich darum kümmern? Es ist klug, zu reagieren, wenn es Einfluss auf die anderen Teilnehmer der Veranstaltung hat. Sie können auch hier den Sachverhalt ansprechen: »Ja, das mag beim ersten Hören verblüffend klingen, ... Ich erläutere Ihnen, warum es trotzdem ...« (als Antwort auf das Lachen oder

Kopfschütteln), »Sie finden die gesuchten Angaben auf Seite neunundzwanzig des Manuskripts …« (als Reaktion auf Blättern in den Unterlagen oder Akten). Die Nennung des Namens wirkt Wunder, gerade in kritischen Situationen. Wahrscheinlich möchte sich der Teilnehmer doch nicht so sehr exponieren, wie Sie es ihm dadurch anbieten.

Imponieren findet sich in der Körpersprache, indem andere versuchen, sich größer zu machen als Sie. Das kann ein Stuhl oder erhöhter Sessel sein, während Sie auf dem niedrigen Sofa sitzen. Das kann durch Aufstehen und Herunterstarren geschehen – viele Chefs treten gerne vor den Schreibtisch des Mitarbeiters und geben dann von oben herab ihre Anweisungen. Gegen das niedrigere Sitzen können Sie wenig unternehmen, außer wenn andere Sitzgelegenheiten zur Verfügung stehen. Wählen Sie im Zweifel den vorteilhafteren Platz, d.h. höher, fester, vor und nicht gegenüber dem Fenster oder einer anderen starken Lichtquelle. Das überlegene Stehen hebeln Sie leicht aus, indem Sie ebenfalls aufstehen.

Eine gezielte Grenzüberschreitung ist die Verletzung Ihres Territoriums. Manche Zeitgenossen unterschreiten gerne den Mindestabstand – klassisch ist hier der Chef, der Mitarbeiter unablässig berührt oder Mitarbeiterinnen in den Arm nimmt. Klassisch sind auch die Typen, die sich gerne von hinten nähern, um uns über die Schulter zu schauen – manchmal geben Sie von hinten oben dann auch noch Anweisungen oder stellen Fragen. Sie setzen sich auf Ihren Schreibtischstuhl, kramen in den Schubladen (oder in Dateien), nehmen Ihre persönlichen Gegenstände in die Hand oder in Anspruch und benutzen wie selbstverständlich Ihre Unterlagen. Auch hier gilt: Wehret den Anfängen! Nach mehreren erfolgreichen Versuchen hat der andere gewonnen, das Verhalten hat sich als Regel etabliert, und Ihnen bleibt, sich unwohl und missachtet zu fühlen. Sprechen Sie eine klare und präzise Sprache, und sagen Sie, was Sie wollen. »Legen Sie bitte meinen Füller hin!«, »Ich mag es nicht, wenn Sie mich umarmen. Lassen Sie das bitte!« Unterstreichen Sie Ihre Worte durch deutliches Handeln: Schieben Sie den anderen weg, nehmen Sie sich Ihren Füller oder Ihre Unterlagen zurück oder schalten Sie Ihren Computer aus.

Wenn Sie offensiv sein wollen, konterkarieren Sie das Verhalten, indem Sie es spiegeln oder übersteigern: Holen Sie einen weiteren persönlichen Gegenstand: »Hier bitte, meine Sachen scheinen Sie ja sehr stark zu interessieren.« Umarmen Sie den Partner Ihrerseits. Nehmen Sie die Situation aber bitte als Einstieg in ein ernsthaftes Gespräch über akzeptiertes und unerwünschtes Verhalten.

3 MACHT UND SPRACHE

Von Sprechen bis Streiten

Stimmeinsatz und kommunikative Machtverteilung

Den Gästen beim Deutschen Fernsehpreis hat das Zuhören anscheinend wenig Spaß bereitet: »Man erträgt es, wenn Laudatoren wie Bettina Zimmermann oder Heiner Lauterbach derart monoton vom Teleprompter ablesen, dass Sprachroboter wie eine verlockende Alternative wirken ... Blacky Fuchsberger ... zeigte in seiner kurzen Dankesrede mehr Witz und besseres Timing als alle Lauterbachs und Zimmermanns zusammen«.

Die Stimme ist ein wesentliches Werkzeug des Erfolgs. Ohne Sprechen geht es in kaum einem Beruf, häufig ist die Stimme sogar das wesentliche Werkzeug. Gerade Ihre Stimme kann den positiven Eindruck Ihrer Persönlichkeit verstärken. Untersuchungen bestätigen immer wieder, dass wir Menschen mit guter Stimme und Sprechweise den Vorzug vor weniger guten Sprechern geben. Das Zuhören ist angenehmer, der Sprechende wirkt interessierter und interessanter. Eine flache, monotone Sprechweise ermüdet die Zuhörenden und langweilt sie. Vivien

Zuta hat ihre Magisterarbeit über »Phonetische Merkmale attraktiver Männerstimmen« verfasst. Dabei hat sie herausgefunden, dass die entscheidenden Merkmale einer wirkungsvollen Stimme die Sprachmelodie, das Pausenverhalten und die Geschwindigkeit sind.

Es geht nicht darum, Pavarotti oder Celine Dion Konkurrenz zu machen – Sie können aber daran arbeiten, dass Tonfall, Lautstärke, Modulation oder Stimmhöhe Ihren Gesprächspartnern und dem Raum angemessen sind. Sie können sich darauf einstellen, mit wem Sie sprechen, worüber und was Sie mit Ihrer Art zu sprechen unterstreichen wollen. Soll die Stimme schmeicheln, bitten oder Kritik ausdrücken?

Konzentrieren Sie sich also auch auf das Sprechen – nicht nur auf den Inhalt. Wichtige Aspekte zum richtigen Stimmeinsatz sind die richtige Atmung, die Nutzung der stimmlichen Modulationsfähigkeit und die Entwicklung der Artikulation. Finden Sie Ihre Stimmlage und versuchen Sie, diese auch in kritischen Situationen zu halten. Achten Sie dabei vor allem auf Ihre Atmung. Zu wenig Luft führt zum Verschlucken von Silben oder einer Stimme, die sich besonders bei Aufregung leicht überschlägt.

»I c h gehe nach Hause.« – »Ich g e h e nach Hause.« – »Ich gehe n a c h H a u s e.« Je nachdem, welches Wort Sie in dem Satz betonen, bekommt derselbe Inhalt eine unterschiedliche Bedeutung.

Entscheidend für die Wirkung des Gesprochenen sind einige wenige grundsätzliche Elemente:

PRÄSENZ DURCH SPRECHEN

Sprechtempo und Pausen: Vermitteln Sie Ruhe und Sicherheit durch ein ruhiges Sprechtempo und durch gut gewählte Pausen. Wer sicher ist, lässt sich nicht hetzen. Wer sich traut, Pausen zu machen, hat keine Angst vor Unterbrechungen.

Kurze Sprechpausen geben Ihren Zuhörern Gelegenheit zum Mitdenken und Ihnen zum Luftholen.

Modulation und Betonung: Die Stimme sollte lebendig klingen. Sprechen Sie daher mal etwas höher, mal etwas tiefer. Betonen Sie ein, maximal zwei Wörter in Sätzen oder Satzteilen und sprechen Sie kurze Sätze langsamer, lange Sätze etwas schneller. Senken Sie die Stimme am Satzende.

Lautstärke und Artikulation: Ihre Stimme sollte immer gut hörbar sein, passen Sie sich deshalb der Größe des Raums und der Zahl der Zuhörenden an. Dynamik vermitteln Sie durch einen dosierten Wechsel der Lautstärke, mal etwas leiser, mal etwas lauter. Verschlucken Sie keine Silben, sprechen Sie deutlich akzentuiert. Öffnen Sie dazu den Mund beim Sprechen.

»Ich verstehe nicht, was Sie mit ›Glocke‹ meinen«, sagte Alice. Goggelmoggel lächelte verächtlich. »Wie solltest du auch, ich muss es dir doch zuerst sagen. Ich meinte: ›Wenn das kein einmalig schlagender Beweis ist!‹« »Aber ›Glocke‹ heißt doch gar nicht ›einmalig schlagender Beweis‹«, wandte Alice ein. »Wenn ich ein Wort gebrauche«, sagte Goggelmoggel in recht hochmütigem Ton, »dann heißt das genau, was ich für richtig halte – nicht mehr und nicht weniger.« »Es fragt sich nur«, sagte Alice, »ob man Wörter einfach etwas anderes heißen lassen kann.« »Es fragt sich nur«, sagte Goggelmoggel, »wer der Stärkere ist, weiter nichts«.

Jede Botschaft enthält Informationen über die wahrgenommene oder gewünschte Machtverteilung zwischen den Kommunikationspartnern. Die Kontrolle wird daran deutlich, wie sehr der eine Gesprächspartner den anderen in seinem Verhalten steuert und dabei immer noch von anderen akzeptiert wird. Beispiele für solche kontrollierenden Verhaltensweisen in der Kommunikation sind Gesprächspausen, Unterbrechungen und Themenwechsel, Schweigen, formale Ausdrucksweise oder die Vereinnahmung des Gesprächspartners durch den Gebrauch des Wortes »wir« statt »Sie«. Sprachkennzeichen von Personen, die mit einem niedrigeren Status oder Machtlosigkeit assoziiert werden, sind Füllwörter (so, wirklich, sehr ...) als Verstärker und Übertreibungen (Superlative), um die wahrgenommene geringe Kontrolle zu kompensieren. Ebenso zählen eine unpräzise Sprache und zu lange Sätze dazu, häufig mit vielen Übergängen wie »und«. Konjunktive werden als Zeichen von Unsicherheit gewertet, ebenso Worthülsen oder Phrasen.

MACHT WIRD BEIM SPRECHEN ERKENNBAR

Sprechen Sie laut und deutlich, sicher und artikuliert.

Achten Sie auf präzise Ausdrucksweise und prägnante Wortwahl.

Menschen mit Macht unterbrechen, Menschen ohne Macht werden unterbrochen. Es ist nicht höflich, aber wirkungsvoll. Wenn andere Sie unterbrechen, sorgen Sie dafür, dass Sie Ihre Ausführungen beenden können.

Sprechen Sie in Bildern, nutzen Sie Beispiele und Analogien.

Emotionalisieren Sie Ihre Sprache – Adjektive, Bewertungen, besonders positiv oder negativ besetzte Wörter.

Sprechen Sie von »wir«, wenn Sie die Zuhörer einbeziehen möchten. Bauen Sie Grenzen zu anderen Gruppen auf, sprechen Sie von »den anderen« oder »den Wettbewerbern«.

Setzen Sie Pausen gezielt als Mittel der Betonung ein.

> Benennen Sie drei Argumente, drei Gründe oder drei Schritte zum Ziel. Listen aus drei Elementen vermitteln den Eindruck von Reflexion, Einfachheit und Vollständigkeit. Drei ist eine unschlagbare Einheit.
>
> Nutzen Sie gegensätzliche Wort- und Begriffspaare zur Beschreibung wichtiger Sachverhalte – wir und die anderen, Erfolg oder Scheitern.
>
> Sprechen Sie frei!

Im Kapitel »Macht und Chrisma« haben wir die körpersprachlichen Signale in vier wesentliche Bereiche eingeteilt. Die Tabelle enthielt typische Signale für die Faktoren »Macht und Dominanz«, »Unsicherheit und Stress«, »Sympathie und Wertschätzung« sowie »Ablehnung und Distanz«. Natürlich gibt es auf der Ebene der Stimme entsprechende Signale:

SPRECHEN UND STIMME

Macht und Dominanz
- flüssiges Sprechen
- Veränderung von Lautstärke, Tonfall
- Pausen
- andere unterbrechen

Unsicherheit und Stress
- mit Pausen, zögernd
- Räuspern
- eher leise oder klar zu laut
- oft schnelles Sprechen

Sympathie und Wertschätzung
- Modulation
- Betonung
- flüssige Sprache

Ablehnung und Distanz
- wenig Betonung
- wenig Modulation
- oft überdeutliche Aussprache

Die vier Elemente der Botschaft

Was Sie hören, ist manchmal etwas anderes, als Ihr Gesprächspartner gemeint hat. Kommunikation ist mehr als der Austausch von Inhalten. Wir wollen recht bekommen, unsere fachliche Überlegenheit beweisen oder vermitteln, dass wir unseren Partner sehr schätzen. Kommunikation transportiert immer vier grundsätzliche Elemente: den Sachinhalt der Kommunikation (das Was) und die emotionalen Inhalte (das Wie), nämlich Appell, Beziehung und Selbstaussage. Diese vier Elemente sind immer gleichzeitig präsent, je nach Thema und Befinden setzen wir als Sprecher und als Zuhörer unterschiedliche Schwerpunkte (in Anlehnung an das Kommunikationsmodell von Schulz von Thun).

Die Sachaussage enthält die Information über eine Sache aus der Perspektive des Senders (»unser Projekt hat folgende Ziele: …«). Der Appell ruft zum Handeln auf (»Hören Sie mir doch bitte zu!«). Die Selbstaussage informiert über den Sender (»I c h bin für das Projekt verantwortlich«). Die Beziehungsaussage definiert die gegenseitige Beziehung, also die Frage, wie der Sender zum Empfänger steht (»Dafür erteile ich Ihnen die Vollmacht«).

MACHT IN DER SACHAUSSAGE

- klare Botschaft und Verständlichkeit unseres Anliegens
- kurze, knappe Sätze
- nur wenige Fremdwörter oder Fachausdrücke
- anschauliche Formulierungen
- keine Abkürzungen
- Verben zeigen Handlungsorientierung und Tatkraft
- einfache und kurze Sätze erleichtern das Verständnis
- Sie werden für intelligent gehalten, gerade wenn Sie einfache Formulierungen benutzen
- Adjektive wirken direkt auf das Gefühl
- Vorsicht bei jeder Art von Floskeln

In der Selbstaussage formulieren wir unser Selbstbild zwischen Imponieren und Angstabwehr. Beim Imponieren versuchen wir, uns und unser Handeln in ein möglichst gutes Licht zu rücken. Wir loben uns, schildern unseren Einfluss auf andere oder protzen sprachlich durch Fremdwörter oder Zitate. Wir wollen zeigen, wie gut wir sind und wen wir alles Wichtiges kennen. Selbstbewusstsein drücken wir durch den häufigeren Gebrauch des Wortes »Ich« aus. Selbstbewusste Menschen sprechen etwas länger als Ihre Zuhörer. Im Modus der Angstabwehr versuchen wir eine schlechte Bewertung oder ein kritisches Urteil zu vermeiden. Wir entschuldigen uns für Fehler oder liefern unnötige oder zu lange Erklärungen für unser Handeln. Stellen Sie einfach den entsprechenden Sachverhalt möglichst positiv dar. Liefern Sie nur dann Erklärungen für Ihr Handeln, wenn Sie dazu aufgefordert werden.

Mit dem Appell wollen wir den weiteren Gang der Dinge beeinflussen, wir fordern andere zum Handeln auf.

An klar formulierten Appellen und an häufigeren und klaren Aufrufen erkennen wir wichtige Menschen. Von uns als Anführer wahrgenommene Menschen machen überdurchschnittlich häufig Handlungsvorschläge oder appellieren an Andere.

Auf der Beziehungsebene erkenne ich den Partner mit mehr Macht dadurch, dass er seine Person oder seine Position als wichtiger und werthaltiger darstellt. Er nimmt weniger Rücksicht auf die Wünsche anderer und akzeptiert weniger Vorschläge. Dominanzaussagen auf der Beziehungsebene bedeuten, den Gesprächspartner hin und wieder zu unterbrechen, das Gespräch durch Fragen zu steuern, Meinungen zusammenzufassen und Schlussfolgerungen zu ziehen. Durch entsprechende Körpersprache kann vermindertes Interesse und Aufmerksamkeit ausgedrückt werden.

MACHT IN DER BEZIEHUNGSAUSSAGE

- starke klare Aussagen
- deutliche Darstellung der eigenen Position
- Vorschläge, Appelle, Anweisungen
- Beurteilung
- höherer Gesprächsanteil
- steuern durch Fragen und Zusammenfassungen
- Unterbrechungen
- keine unnötigen Entschuldigungen oder Erklärungen
- weniger Aufmerksamkeitssignale wie Blickkontakt oder Nicken
- Duzen ohne Einladung dazu

Gute Gründe und richtige Wortwahl

Machtvolle Sprache erkennen wir an guten, das heißt klaren und überzeugenden Begründungen. Gute Argumentation folgt einer Logik. Dieses Grundmuster gilt es gezielt auszuwählen und einzusetzen. Die Basis der Technik besteht in einer Behauptung und ihrer Begründung. Diese Behauptungen haben grundsätzlich die Form einer Feststellung oder einer Aufforderung zum Handeln:

Handlungsaufforderung
»Wir müssen in Zukunft strategischer handeln. Die Basis dazu legt unser Projekt ›Global HR Management‹. Geben Sie also grünes Licht für das Vorhaben!« Oder: »Da Ihr Auftreten in der Öffentlichkeit von entscheidender Bedeutung für unser Unternehmen ist, sollten Sie an einem guten Rhetoriktraining teilnehmen!«

Feststellung
»Claudia Nagel ist die beste Leiterin für das Projekt. Sie verfügt als einzige über die notwendige Erfahrung!« Oder: »Sie sind zu schnell gefahren! Wir haben Ihre Geschwindigkeit gemessen.«

Verallgemeinerung
»Männer können einfach nicht kommunizieren. Das merkt man schon daran, dass sie immer Recht behalten wollen.« Oder: »Mit Russen kann man nicht normal verhandeln. Die legen einfach zu viel Wert auf Gefühle.«

Vorschrift
»Sie dürfen Ihr Fahrzeug hier nicht abstellen! Sehen Sie das Verbotsschild etwa nicht?« Oder: »Das Orga-Handbuch legt fest, wie mit Kundenbeschwerden umzugehen ist. Sie müssen eine Reklamation immer dem Bereichsleiter zur Kenntnis bringen.«

Prognose
»Diese Aufgabe wird Herr Martens sehr gut bewältigen. Er hat auch das letzte Projekt erfolgreich gemeistert.« Oder: »Mit dieser Strategie werden wir erfolgreich sein. Sie hat auch bei der Meyer Schmidt GmbH & Co KG positive Ergebnisse gebracht.«

Begründen lassen sich Behauptungen durch eine Reihe unterschiedlicher Muster.

Die Rhetorik kennt als wichtigste Beweise:
Bewiesene Behauptungen
»Mit der Prozesskostenrechnung lassen sich Kosten weitestgehend auf die Verursacher zurückführen. Erfolgreiche Beispiele sind die First National Bank oder ABB.«
Logische Gründe
»Da das Telefonieren beim Autofahren vom sicheren Führen des Fahrzeugs ablenkt und damit die Unfallgefahr drastisch steigt, muss der Gebrauch eines Handys während der Fahrt verboten werden.«
Berufung auf Autoritäten
»Die Untersuchung durch Prof. Dr. ... hat zweifelsfrei ergeben, dass ...«
Erfahrung
»200 zufriedene Anwender können nicht irren!«
Tradiertes
»Schon immer war die gute Behandlung wichtiger Kunden Basis für nachhaltig erfolgreiche Geschäftsbeziehungen.«
Plausibilität
»Schauen Sie sich doch nur den Markt an, dann wissen Sie, wohin sich die Logistikbranche entwickelt.«

Solche Sätze stimmen nicht zwangsläufig. Bleiben Sie kritisch. Wenn andere Ihnen gegenüber solche Begründungen verwenden, erlauben Sie sich im Zweifel nachzufragen.« »Woher wissen Sie das?« »So ist das doch eine bloße Behauptung.« »Welche Beweise gibt es dafür?« »Können Sie das belegen?« Auch Regeln, Gesetze und Verordnungen haben ihren Sinn, sind aber nicht immer gültig. Fragen Sie nach dem konkreten Grund der Anwendung der betreffenden Regel oder ziehen Sie in Zweifel, dass die Regelung in diesem Fall zutrifft. Informative Aussagen hinterfragen Sie mit der Bitte um Belege: »Stimmt das?«, »Können Sie das belegen?«, normative Aussagen überprüfe ich mit der Frage »Soll das wirklich so sein?«, »Welche Vorteile und welche Nachteile ergeben sich daraus?«

Wenn Sie diese Argumentationsstrukturen anwenden wollen, sorgen Sie dafür, dass Ihr Begründungssatz stark und werthaltig ist. Sie sollten im Zweifel in der Lage sein, den Beweis für Ihre Behauptung anzutreten.

Haben Sie »Probleme«? Es wäre besser für Sie, wenn Sie nur vor neuen Herausforderungen stehen. Die kann man nämlich bewältigen. »Problem« klingt nach Überforderung. Wenn Menschen an einer intellektuellen Einschränkung leiden, sind sie in den USA als »alternativ begabte« Menschen zu bezeichnen und »Siamesische Zwillinge« sollten in England nur noch »conjoined twins« genannt werden. Darum sollten Sie Mitarbeitende auch nicht »kritisieren«, sondern ihnen »Feedback« geben, allenfalls ist noch »kritisches Feedback« möglich.

Die Wahl unserer Worte beeinflusst in hohem Maße die Botschaft. Mit unseren Worten können wir streicheln oder verletzen, Dinge auf den Punkt bringen oder zudecken. Wir können Menschen auf unsere Seite ziehen oder abschrecken – allein durch die geschickte Wahl der Worte! Aufständische oder Freiheitskämpfer? Macht bestimmt die Wahl der Worte und damit die wahrgenommene Wirklichkeit.

Die Wortwahl beeinflusst die Qualität Ihrer Botschaft. Wörter mit zahmer neutraler Bedeutung schwächen ab – pointierte Wortwahl schärft und hebt heraus. Haben wir im

Chemiewerk eine Produktionsstörung oder eine Umweltkatastrophe? Schon werden unsere Emotionen in eine andere Richtung gelenkt. Prüfen Sie also sorgfältig, welche Wörter und Formulierungen Sie benutzen, sorgen Sie dafür, dass Ihr Umfeld sich Ihrer Sprachregelung anschließt.

Welche Varianten wirken wie? »Wir Opelaner«, »Wir in der Produktion«, die Einbeziehung der Gruppe schafft einen Effekt von Solidarisierung. Ich verkaufe mich als »einer aus der Mitte des Volkes«, meine Aussagen werden besser akzeptiert, als wenn sie »von oben herab« gesprochen werden. Ich kann mich damit auch in einer Gruppe verstecken – schließlich hat den Vorstandsbeschluss nicht mehr ein Einzelner zu verantworten, das ganze Gremium hat sich dazu entschlossen. Schlagwörter oder Leerformeln wie »Pressefreiheit«, »das Wohl des Unternehmens« oder »Job Enrichment« ermöglichen Interpretation und die Gestaltung der Aussage durch die Wahl sehr eigener Inhalte. »We are the Champions«, »die Top-Berater von McKinsey« – Superlative vereinfachen, betonen und werten. Sie nutzen die emotionale Komponente der übersteigerten Aussage.

Wahrheit lässt sich bewusst und unbewusst verdrehen, dadurch steuert der Sprecher, was seine Zuhörer erfahren. Bewährte Techniken sind die Unterdrückung eines Teils der Information (Herausstellen der Investitionen in eine Produktionsstätte und Verschweigen der Schließung eines anderen Werks) oder die Veränderung der Bedeutung (»Prämien für den Betriebsrat« statt »Bestechung durch Sonderzahlungen«).

 MACHT DURCH WORTWAHL

- schaffen Sie Wirklichkeit durch die Wahl der Worte
- wiederholen Sie Ihre Botschaft
- emotionalisieren Sie Ihre Begriffe

- nutzen Sie Superlative, Verallgemeinerung und Identifizierung
- sorgen Sie dafür, dass auch andere diese Begriffe benutzen
- entfernen Sie sich nicht zu weit von der Realität, das wirkt lächerlich

Wer fragt, der führt

Durch Fragen bringen Sie Ihren Partner zum Reden, Sie erhalten Informationen und lernen die Meinung des anderen kennen. Gute Verkäufer unterscheiden sich von weniger erfolgreichen dadurch, dass sie signifikant mehr Fragen stellen. Und erfolgreiche Verhandler erkennen Sie daran, dass sie zunächst mit vielen Fragen die Position des Gegenübers ausloten, bevor sie mit eigenen Vorschlägen und Festlegungen kommen. Dasselbe gilt für erfolgreiche Führungsgespräche. Macht zeigen Sie nicht durch vieles Reden, Gespräche steuern Sie besser durch geschicktes Fragen. Wer fragt, der führt!

Eine wichtige Unterscheidung ist die zwischen offenen und geschlossenen Fragen. Geschlossene Fragen sollen eine Information abfragen oder eine Entscheidung forcieren. Mehrere geschlossene Fragen wirken einengend auf Ihren Gesprächspartner. Offene Fragen lassen aktives Antworten zu. Offene Fragen verfolgen das Ziel, den anderen ins Gespräch zu bringen.

Im Folgenden lernen Sie unterschiedliche geschlossene und offene Fragetypen kennen:

- Suggestivfragen engen den Handlungsspielraum des Gegenübers erheblich ein. Auf der Beziehungsebene betonen Sie, dass der Sprecher sich in der überlegenen oder bestimmenden Rolle sieht: »Sie stimmen mir sicher zu, dass wir den Auftrag für das Projekt erteilen sollten?«

- Alternativfragen sind eine beliebte Möglichkeit, die Auswahl des Gegenübers einzuengen: »Wollen Sie jetzt eine Zusatzversicherung abschließen und dafür im Monat lediglich 30 Euro investieren, oder wollen Sie im Krankheitsfall wirklich alle Zusatzkosten selber bezahlen?«
- Psychologisierende Fragen sprechen emotionale Aspekte an: »Konzentrieren wir uns auf das Wesentliche: Wie stehen Sie denn gefühlsmäßig zur Arbeit mit den Beratern?«
- Gegenfragen vermeiden eine Antwort und blockieren den nächsten Schritt im Gespräch. »Welchen Vorschlag halten Sie denn für den besseren?«
- Plattformfragen formulieren eine Annahme und stoßen auf dieser Basis eine Antwort an: »Als Führungskraft akzeptieren Ihre Mitarbeiter Sie ja nicht. Können Sie wenigstens durch Fachkompetenz überzeugen?« (negativ) oder: »Sie wollen bei uns ja Karriere machen. Darf ich dann auf Ihre Mitwirkung bei dem Projekt XY setzen?« (positiv)
- Definitionsfragen helfen, einen Sachverhalt genauer zu beschreiben, oder klären das unterschiedliche Verständnis einer Thematik: »Was genau verstehen Sie unter ›Kooperation‹?«
- Interpretationsfragen bringen das Verständnis auf den Punkt. »Verstehe ich Sie richtig, dass Sie für unser Produkt ausgerechnet im usbekischen Markt weitere Wachstumschancen sehen?«
- Motivationsfragen sollen den anderen aufbauen. »Wie beurteilen Sie als erfahrener Projektleiter den Netzplan?«
- Rhetorische Fragen sind ein Stilmittel, das die Gedanken lenken soll und einen Sachverhalt besonders betont: »Wer, frage ich Sie, hat denn Vorteile von dieser Lösung? Nun, das kann ich Ihnen genau sagen…«

Rhetorische Winkelzüge

Auf Arthur Schopenhauer geht ein Brevier mit rhetorischen Kniffen zurück, das unabhängig von der Güte der Argumente dazu verhilft, die Oberhand in einem Streitgespräch zu behalten. Es sind Techniken für kurze und aggressive Statements. Die Überraschung spielt dabei eine wichtige Rolle und ebenso der gezielte Verstoß gegen übliche Regeln der Kommunikation und Zusammenarbeit. »Verwirre deinen Gegner und rede ihn in Grund und Boden!«, rät Arthur Schopenhauer und empfiehlt die folgenden rhetorischen Winkelzüge:

- »Überspitze ein gegen dich vorgebrachtes Argument!« Steigern Sie die vorgeschlagenen Maßnahmen weit über den moderaten Gegenvorschlag hinaus, bis der Vorschlag nicht mehr plausibel klingt.
- »Unterbreche und verwirre den Kontrahenten!« Das verunsichert den anderen und kann verhindern, dass er seine Argumentation zu Ende führt. Konzentrieren Sie sich auf einen vollkommen unwichtigen Aspekt der Begründung und lenken Sie so das Gespräch vom eigentlichen Thema fort.
- »Konstruiere einen Widerspruch zwischen der Behauptung des Gegners und seinem persönlichen Lebensstil!« Ist der Bundespräsident noch glaubwürdig, wenn er Redakteuren am Telefon mit juristischen Konsequenzen droht und im Gegensatz dazu öffentlich ein Bekenntnis zur Pressefreiheit abgibt? Glaubt man mir ein ehrliches Engagement für benachteiligte Gruppen der Gesellschaft, wenn ich einen luxuriösen Lebensstil pflege?
- »Verkleide unangenehme Tatsachen mit harmlosen Begriffen!« Geschickte Wortwahl lässt einen unangenehmen Sachverhalt gleich viel positiver erscheinen. Eine »konstruktive Diskussion« ist deutlich besser als

ein »Streit«, und »sich von einem Mitarbeiter zu trennen« ist besser als eine »Entlassung«.
- »Entkräfte Gegenbeweise durch Spitzfindigkeit!« Stützende Beispiele oder Referenzen kann ich als Einzelfall hinstellen, die positiven Ergebnisse einer Kundenbefragung als gekauft, oder Sie suchen – und finden – einen Sonderfall, für den die angebotene Lösung nicht zutrifft.

Zu den eristischen Techniken gehört es weiterhin, Termine zu missachten (also gezielt zu früh oder zu spät zu kommen) oder Regeln ausdrücklich zu verletzen, den Gesprächspartner zeitlich oder inhaltlich unter Druck zu setzen, den anderen durch ungeordnete Fragen zu verwirren und keinesfalls selber immer auf gestellte Fragen zu antworten. Auch unfaire Angriffe oder bissige Zwischenrufe gehören ebenso zum Repertoire wie die beliebten Killerphrasen: »Die nötigen Mittel bekommen wir nie!«, »Das klappt sowieso nicht. Das haben wir schon versucht!«, »Das machen wir hier immer so!« Killerphrasen unterbrechen das Gespräch abrupt, sie verhindern die vertiefende Beschäftigung mit dem Vorschlag oder mit dem Argument. Killerphrasen qualifizieren den anderen ab, denn Sie haben es ja gar nicht nötig, sich mit seinen Argumenten auseinanderzusetzen.

Wie reagieren Sie auf solche Angriffe auf der sprachlichen Ebene? Was tun Sie bei häufigen Unterbrechungen oder Zwischenrufen? Reagieren Sie! Unrat schwimmt selten vorbei, ohne auch Ihnen zu schaden. Sprechen Sie den Sachverhalt klar und deutlich an und stellen Sie Inhalte richtig. Unterbrechen Sie Ihrerseits – direkt und konsequent! Stellen Sie Ihre Aussage kurz und prägnant dar und beenden Sie damit die Diskussion. Keine Reaktion wird leicht als Zustimmung gewertet.

Versucht Ihr Gesprächspartner, das Thema zu wechseln und Ihnen die Gesprächsführung aus der Hand zu nehmen, müssen Sie schnell intervenieren und konsequent erklären, was zum Thema gehört, was Sie jetzt bearbeiten werden, was nicht dazugehört und deswegen auch nicht Gegenstand der Debatte sein kann. Unterbrechen Sie, stellen Sie klar, bieten Sie eine Pause zum Gespräch über das andere Thema an oder verlagern Sie die Beantwortung der entsprechenden Frage an das Ende der Debatte.

Sprachliches Imponieren finden Sie in Fremdwörtern, Zitaten oder komplexen Formulierungen. Ignorieren Sie dieses Verhalten oder begleiten Sie es ironisch. Manche Mitmenschen versuchen auch, Sie durch Wissen oder Bildung einzuschüchtern. Lassen Sie sich nicht ins Bockshorn jagen. Natürlich darf man erwarten, dass Sie grundsätzlich über Ihr Thema Bescheid wissen und auch gut über aktuelle Entwicklungen informiert sind. Aber: Bei der Menge an Informationen und Publikationen kann niemand alles kennen. Gestehen Sie sich den Mut zur Lücke zu. Hinterfragen Sie Behauptungen, lassen Sie sich Zitate belegen, Publikationen mit Quelle benennen oder gleich zur Verfügung stellen. »Bei uns im Unternehmen gibt es das nicht!«, »Wir klären Probleme immer durch ein offenes Gespräch!« Normen, Werte oder Regeln sind Glaubenssätze, die sich auf Aspekte unseres Umfelds beziehen: Zusammenarbeit, Arbeitsmoral oder kundenorientiertes Verhalten. Diese Werte werden gerne herangezogen, um adäquates oder unerwünschtes Verhalten zu definieren. Der Manipulation durch unsinnige oder untaugliche Werte können Sie nur entgehen, indem Sie diese bewusst ansprechen. Akzeptieren Sie keine unreflektiert übernommenen Regeln, sprechen Sie diese gezielt an, fragen Sie: »Warum ist das so?«, »Hilft es uns, erfolgreich zu sein?«

Als Suggestion bezeichnet man die Darstellung einer Meinung so, dass sie begründet wirkt, obwohl dies nur scheinbar der Fall ist. Meinungen oder Überzeugungen werden als Tatsachen ausgegeben. Als »Beleg« wird die eigene Person in die Waagschale geworfen, werden Allgemeinplätze zur Begründung herangezogen oder nur vage

Andeutungen gemacht. Beliebte Techniken der Suggestion sind die scheinbare Plausibilität (»Jeder weiß doch …«), die moralische Argumentation (»Wir wollen nur Ihr Bestes.«), scheinbare Kausalität oder logische Zirkelschlüsse (»Die Impfung ist nutzlos. Ich lasse mich nicht impfen, und ich habe noch nie Grippe bekommen.«). Beliebt sind auch Beispiele (die sich so aber nicht übertragen lassen) oder das Zitieren von Autoritäten. Weisen Sie nachdrücklich auf den Charakter der Suggestion hin. Hinterfragen Sie die Aussage, bitten Sie um Belege oder Begründungen.

In manchen Situationen werden Sie es vielleicht auch mit einem besonders hartnäckigen Gesprächspartner zu tun haben. Ein beliebtes Mittel, um Sie zu stören, in die Enge zu treiben oder in Verlegenheit zu bringen, sind kritische Fragen. Journalisten setzen diese Technik gerne in Interviews ein. Wenn Sie diese Fragen so beantworten, wie sie Ihnen gestellt werden, kommen Sie garantiert in Schwierigkeiten. Mit negativen Fragen können Sie anders und geschickter umgehen:

Regel eins
Ruhe bewahren – wer sich aufregt, zeigt nur, dass er getroffen wurde. Wenn Sie angegriffen werden, lösen körpereigene Stresshormone ein Alarmprogramm aus. Wenn Sie aus dieser Gestimmtheit heraus zum Angriff übergehen, können Sie leicht überreagieren.

Regel zwei
Keine Floskeln wie: »Danke für Ihre Frage!« oder: »Gut, dass Sie den Punkt ansprechen.« Floskeln machen nur deutlich, dass Sie gerade sprachlos sind.

Regel drei
Keine Kampfbegriffe aufgreifen – die Wortwahl prägt das Verständnis. In einem Spiegel-Interview wurde Gerhard Cromme zu der Entscheidung befragt, den Siemens-Vorstand Heinrich Hiesinger zum neuen Chef von Thyssen-

Krupp zu machen: Spiegel: »Zunächst gab es einen gehörigen Aufschrei über Ihr dreistes Vorgehen.« Cromme: »Das war nicht dreist.« Und schwupps war das Wort in der Welt, der Interviewte hatte es selber gesagt! Dieser Satz wurde dann auch zur Überschrift des ganzen Interviews gewählt – und prägte die Wahrnehmung der Leser.

Regel vier
Keine Nachfragen – der Andere könnte sonst nachlegen. »Was meinen Sie mit ›Scheitern‹ in Bezug auf das Projekt?« – »Na, dasselbe wie beim letzten Mal: Sie haben versagt, zu teuer, zu lange Dauer, schlechte Qualität.« Jetzt hat es jeder gehört!

Regel fünf
Antworten Sie kurz, prägnant, positiv! Klare Kernaussagen demonstrieren Sicherheit und überzeugen!

Die folgenden Antwortmuster haben sich als hilfreich erwiesen:

- Begrenzen oder erweitern: »Diese Frage berührt viele Aspekte. Ich konzentriere mich auf den wichtigsten, nämlich ...« oder: »Ihre Frage erfasst nicht den ganzen Sachverhalt. Wichtig ist außerdem noch ...«
- Präzisieren: »Exakter formuliert lautet die Frage ...« oder überhöhen: »Hinter dem Thema Ihrer Frage steckt viel mehr. Nämlich ...«
- Interpretieren: »Es geht um den Aspekt, der ...«
- Konkretisieren oder theoretisieren: Ein gutes Beispiel illustriert Ihre Antwort. Der Verweis auf Regeln, Expertenmeinungen oder auf die Aussage des Vorstands stützt Ihre Argumentation.
- 3-T-Regel: Touch-Turn-Talk: »Das funktioniert sowieso nicht!«
    - Touch (Anerkennen des Sachverhalts): »In der Tat, im zweiten Anlauf müssen wir erfolgreich sein.«

- Turn (Drehen der Argumentation): »Wir haben aus den Fehlern gelernt und Entscheidendes verbessert.«
  - Talk (konkrete Aussage): »Der neue Projektansatz ist deutlich besser, weil ...«
- Neu adressieren: »Zu dieser Frage interessiert mich die Meinung des Publikums/des zuständigen Abteilungsleiters ...«
- Die Kompetenz oder die Erfahrung des Fragestellers in Zweifel ziehen: »Als Leiter Logistik muss Ihnen doch bekannt sein, dass ...«
- Antworten, die mit dem Namen des Angesprochenen eingeleitet werden, sichern Ihnen erhöhte Aufmerksamkeit – beim Fragesteller und bei anderen Zuhörern.

Es wird Ihnen schwerfallen, sich immer richtig zu verhalten. Fehler kommen vor und werden im Einzelfall verziehen – auch von einem kritischen Publikum. Hüten Sie sich aber vor typischen oder notorischen Fehlern:

Entschuldigungen oder Bankrotterklärungen
»Ich hatte leider keine Zeit, mich gründlich vorzubereiten«, »Die Folien kann man schlecht lesen, aber ...«, überflüssige Aussagen, die den Wert Ihres Beitrags vermindern oder sogar erst auf negative Punkte aufmerksam machen, die sonst niemand bemerkt hätte.

Sprachliche Marotten
»Ich will mal sagen ...«, »Ich hab da mal eine Frage ...« – Solche Floskeln tragen nicht zu einem positiven Erscheinungsbild bei. Im Gegenteil. Ihre Zuhörer zu gewinnen und zu überzeugen wird dadurch erschwert. Achten Sie darauf, lassen Sie sich Feedback geben und merzen Sie diese Unarten aus.

Passive Formulierungen
»Man sollte dringend etwas tun.« – »Das wurde mir auch nur mitgeteilt ...« Keine Botschaft, kein Appell, Mangel an

Identifikation. Ihre Aussage verpufft, Ihre Wirkung leidet, Sie werden nicht als aktiv und engagiert wahrgenommen.

Relativierungen und Konjunktive
»Eigentlich gefällt mir Ihr Vorschlag ganz gut.«, »Ich könnte mich darum bemühen.« Diese Formulierungen sind Boten der Verlegenheit, vermitteln Angst vor einer definitiven Stellungnahme. Beziehen Sie Position und machen Sie konkrete Vorschläge. Nur so können Sie Ihrer Meinung Gehör verschaffen und sich durchsetzen.

4 MACHT UND ZEICHEN
Von Füllhalter bis Firmenwagen

Statussymbole

Ludwig XIV. ist als »Sonnenkönig« in die Geschichte eingegangen. »L'état c'est moi!«, lautete sein Anspruch, den er durch die Zentralisierung der Macht in Versailles durchsetzte. Diesem Anspruch entsprach sein Auftreten. Das bekannte Gemälde von Hyacinthe Ribaud, dem berühmtesten Porträtmaler des Ancien Régime, zeigt ihn in herrischer Pose und im Krönungsornat: in einem dunkelblauen, mit goldenen Lilien bestickten Mantel, ganz mit kostbarem Hermelin gefüttert, das goldene Prunkschwert an der Seite, die rechte Hand auf das goldene Zepter gestützt, auf einem prächtigen Hocker liegt die Krone. Die Majestät des Porträtierten ist auf den ersten Blick für jeden sichtbar.

Bestimmte Signale werden auch heute von jedem als Statussymbol verstanden: Die drei Yachten Pelorus, L'Ecstasea und Eclipse des Roman Arkadjewitsch Abramowitsch, die 2000-Quadratmeter-Villa von Carsten Maschmeyer oder der offene Kamin zum Preis von 100 000 Dollar im Büro von Sandy Weill, dem früheren CEO der Citigroup. Zu diesen Symbolen zählt ohne Frage auch der Firmenjet für den CEO. Ein wenig übertrieben mit der Symbolik des Jets hat es allerdings Thomas Middelhoff in seiner Zeit als Vorstandsvorsitzender von Arcandor. Der Insolvenzverwalter Klaus Hubert Görg verklagte ihn unter anderem zur Rückzahlung von Kosten für die Nutzung eines Charterflugzeugs selbst auf Strecken mit einer zweistelligen Kilometerzahl.

Mächtige umgeben sich mit Symbolen ihrer Macht. Für Könige waren dies Krone, Zepter und Reichsapfel, für Wirtschaftsbosse sind es Yachten, Villen und Jets. Richter verkörpern auch heute noch die Macht des von ihnen vertretenen Staats durch die Robe, die sie anlegen, wenn sie Recht sprechen. In Großbritannien gehört eine ehrwürdige weiße Allongeperücke aus Pferdehaar dazu. Diese Insignien sind Zeichen für die Würde und die Macht des Trägers. Sie machen die Bedeutung des Amtes oder der Person nach außen sichtbar.

Solche Symbole enthalten Botschaften, die wir unmittelbar verstehen oder zumindest erahnen können. Und diese Symbole wirken. Der Arzt im weißen Kittel strahlt mehr Autorität und Kompetenz aus als jemand, der in Jeans und Pulli am Krankenbett erscheint. Symbole sind kulturabhängig – je nach ihrem Umfeld repräsentieren sie eine unterschiedliche Bedeutung. Der Firmenwagen hat in einer Nichtregierungsorganisation eine andere Bedeutung als im Großkonzern. Und auch der Lauf der Zeit verändert die Symbole. Zepter und Reichsapfel sind bei den modernen Herrschern durch andere sichtbare Zeichen ihrer Macht ersetzt worden. Dienstlimousine und Bodyguards sind an ihre Stelle getreten. Der Hofstaat allerdings ist geblieben. Mächtige verfügen über Assistenten. In einer wichtigen Position tragen Sie nur noch an der Verantwortung schwer. Den Rest lassen Sie tragen. Verkäufer haben große Taschen, der Verkaufsvorstand hat große Herausforderungen.

Statussymbole sind Zeichen der Macht. Sie signalisieren, wer wichtig und mächtig ist. Der Rang in der Hierarchie eines Unternehmens lässt sich häufig an Äußerlichkeiten erkennen. Das Eckbüro mit den vielen Fenstern und dem Vorzimmer gebührt nun einmal dem Chef. Der Vorstand residiert meist in der obersten Etage in großzügigen und edel eingerichteten Zimmerfluchten – selbst wenn gerade niemand da ist, erkennen Sie doch auf den ersten Blick, dass in diesen Räumen über das Schicksal des Unternehmens entschieden wird.

Auch in den tieferen Etagen des Hauses bleibt der Unterschied zwischen Führungskräften und Mitarbeitern klar sichtbar: Ab einer gewissen Führungsebene spendiert das Unternehmen ein Einzelbüro, noch weiter oben mit Vorzimmer nebst Sekretärin. Je nach Ihrer Position in der Hierarchie dürfen Sie in den meisten Unternehmen unterschiedlich große Summen für die Ausstattung Ihrer Räume ausgeben und je nachdem stehen Ihnen auch unterschiedliche Materialien zur Verfügung. An der Ausstattung Ihres Büros ist so auf den ersten Blick Ihre Position in der Hierarchie abzulesen.

Das gemeine Volk schafft meist im Großraumbüro oder zu zweit oder dritt in einem Büro. Hier erkennen wir die Bedeutung des Raums als Ausdruck der persönlichen Bedeutung leicht an dem Kampf um die Fläche – das Vorhandensein und der Standort von Zimmerpflanzen, ein Beistelltisch oder andere Accessoires bringen zum Ausdruck, wie viel Fläche dem Einzelnen entsprechend seiner Bedeutung zusteht.

Die Bedeutung der Mitarbeiter lässt sich auch danach bemessen, wie weit ihr Büro vom Raum des Chefs entfernt ist. Nähe sichert Zugang, Zugang bedeutet Gehör und damit die Möglichkeit des Mitarbeiters, die Entscheidungen der Führungskraft zu beeinflussen.

Gerade auch am Zugang zu einer Person lässt sich in der Regel schnell ihre Bedeutung erkennen. Nicht jeder kann einfach in das Büro des Vorstands marschieren und sein Anliegen vorbringen. Das wird selbst dann schwierig sein, wenn Führungskräfte eine Politik der offenen Tür propagieren. Sie tun gut daran, sich im Vorzimmer einen Termin geben zu lassen. Ihre individuelle Bedeutung werden Sie daran erkennen, wie schnell Sie diesen Termin bekommen. Chefs unterstreichen ihre Bedeutung meist dadurch, wie leicht sie anderen den Zugang zu ihnen machen – ist ihre Telefonnummer bekannt, kann man sie direkt anrufen, wie voll ist ihr Terminkalender? In fast allen Unternehmen gibt es den Umweg über das Vorzimmer, Mitarbeiter werden gerufen – oder die Macht gesellt sich zu Ihnen. Es ist mittlerweile populär geworden, dass sich Führungskräfte auch oberster Führungsebenen zum Mittagessen in die Kantine begeben. Sie werden auch erleben, dass sich der Manager zum Mitarbeiter gesellt. Verwunderung dürfte es allerdings hervorrufen, wenn sich der Mitarbeiter aus eigenem Antrieb zum Manager gesellen würde. Die Macht bleibt also auch hier daran erkennbar, wer die Annäherung initiiert oder dazu einlädt.

Statussymbole bringen den Stand des Besitzers oder Trägers zum Ausdruck. Sie sind Indikatoren für Macht oder Bedeutung. Das können Titel sein wie Direktor oder Vice President, die Anzahl der Mitarbeiter, das verantwortete Budget oder die Verfügung über Wirtschaftsgüter wie technische Geräte oder die Buchungsklasse bei Dienstreisen. Der Status einer Person zeigt sich aber auch an Verhaltensweisen, zum Beispiel dem Sprechstil oder der Anrede, persönlichen Merkmalen wie Kleidung oder dem Zustand der Zähne, an Kenntnissen wie dem Zugang zu privilegierten Informationen, der Bekanntschaft mit bestimmten Personen ebenso wie persönlichen Erfahrungen in Form von Urlaubsorten oder Sportarten.

Mit dem Lauf der Zeit unterliegen die Vorlieben für Statussymbole, wie z. B. einer bestimmten Sportart, allerdings einem Wandel. Geben im Jahr 2010 immerhin acht Prozent der befragten Konzernvorstände Golf als ihren Lieblingssport an, wurde dieser Sport im Vergleichsjahr 1971 überhaupt nicht genannt. Auch Laufen ist neu auf der Liste und wird von stolzen 29 Prozent der Befragten angeführt. Segeln hingegen, noch 1971 für 14 Prozent der Lieblingssport, ist inzwischen von der Liste verschwunden.

Kleider machen Leute

Macht setzt Zeichen. Ob Sie Chef oder Chauffeur sind, sollte man schnell und eindeutig erkennen können. Die Zeichen der Macht haben ihren besonderen Wert dadurch, dass sie erkennbar sind. Statussymbole sind ein Stück Selbstdarstellung. Sie sind Objekte, die den gesellschaftlichen Stand und den sozialen Status des Besitzers deutlich machen. Statussymbole machen Eindruck – dem kann sich kaum jemand entziehen. Wer eine Position einnehmen will, muss den richtigen Eindruck vermitteln. Für die Karriere ist es nützlich, um die Bedeutung von Statussymbolen zu wissen und diese angemessen einzusetzen.

Macht- und Statussymbole haben durchaus ihre Wirkung. Das sind der Titel auf der Visitenkarte, der besser ausgestattete Dienstwagen, die Business-Class bei der Lufthansa, das neueste Notebook, das größere Büro und die »eigene« Sekretärin. Diese Merkmale zeigen Dritten, welche Rolle und welche Bedeutung Sie im Unternehmen haben – für Kollegen und Mitarbeiter unterstreichen Sie Ihren Status. Im Spiel um die Macht und mit der Macht bleiben solche Signale von großer Bedeutung. Sie markieren und verteidigen damit Ihr Revier. Und selten kann sich jemand seiner Position so sicher sein, dass er tatsächlich auf diese unterstreichende und bestätigende Botschaft verzichtete.

Die gezielte – oder eben die unachtsame – Auswahl der Dinge, mit denen wir uns umgeben, ist ein deutliches

Statement. Ein attraktiv gestalteter Füller mit Goldspitze macht eine andere und qualifizierte Aussage über den Besitzer als ein billiger Plastikkugelschreiber. Vielleicht ist das auch ein Grund dafür, dass die Apple-Produkte sich zuerst in den Führungsetagen durchgesetzt haben und in der Welt der schönen Dinge – PR-und Werbeagenturen, Film und Medien.

Sie demonstriert ihren Status auch durch die geschickte Auswahl der Kleidung. So mancher Manager macht es ganz instinktiv richtig: Maßanzug, Lederschuhe, in der Hand das neueste Smartphone. Je nach Unternehmen und Umfeld gibt es hier klare Spielregeln, die man lernen muss, um die richtigen Signale zu senden. Wer etwas werden will, muss demonstrieren, dass er es tatsächlich werden könnte. Tatsächliche und zukünftige Führungskräfte sollten so auftreten, dass ihnen der Job auch zugetraut wird.

Das Äußere hat einen klaren Anteil an Ihrer Karriere. Und da sind eindeutige Signale eine klare Interpretationshilfe für Ihr Umfeld. Heinrich Hiesinger griff bei seiner ersten Pressekonferenz für ThyssenKrupp daneben. Der Ex-Siemens-Manager erschien mit einem relativ billigen Aktenkoffer, und zu allem Übel posierte er damit vor den Fotografen. »Am nächsten Tag nahm das Tuscheln auf den Fluren der Essener Zentrale kein Ende«, klagt einer aus Hiesingers Entourage. Die Botschaft ist klar und eindeutig: »Kleider« machen Leute.

Unangenehm aufgefallen durch wenig angemessene Kleidung ist Villy Søvndal, der dänische Außenminister. Er sorgte mit seinem Auftritt für Aufregung in der heimischen Presse. Denn zur Pressekonferenz mit seinem amerikanischen Pendant Hillary Clinton erschien er bekleidet mit einer zerknitterten Jacke und einem ebensolchen Hemd mit offenem Kragen sowie einer schief gebundenen Krawatte. In der Brusttasche des Jacketts trug er einen Kugelschreiber.

Immer mal wieder gibt es Umfragen nach dem am besten angezogenen Mann. Den ersten Platz belegt meist Cary Grant, Jahrgang 1904. Wie schafft es ein Mann, noch 25 Jahre nach seinem Tod als Stilikone verehrt zu werden? Vermutlich, weil er zeitlebens jeden Firlefanz ablehnte. Sein Markenzeichen waren Anzüge, die er mit einer Nonchalance trug, die nach Ansicht vieler Autoren keiner seiner Nachgeborenen je erreichen wird. Kleidung ist der Klassiker in Sachen Status.

Auch die Schweizer UBS wünscht sich ihre Mitarbeiter in korrekter Kleidung – das heißt dunkler Anzug, schwarze Schuhe, weißes Hemd und Krawatte im UBS-Rot. Damit das auch alle begreifen und richtig umsetzen, gab es einen Dresscode, ein vierzigseitiges Kleidungsbrevier – Piercings, enge Röcke und Krawatten in knalligen Farben sind demnach tabu, ebenso wie aufdringlicher Schmuck bei Damen oder durchscheinende Unterwäsche, Herren sollen keine Socken mit auffälligen Mustern tragen – verpönt sind ebenso aufdringliche Gerüche nach Zigarren oder Knoblauch. Vor knapp einem Jahr stellte die UBS das Konvolut ins Netz, das nahezu alles regelte und den Mitarbeitenden in den Filialen nahezu alles verbot. Nach entsprechenden Protesten wurden die Vorschriften des Papiers von den Verantwortlichen zu Empfehlungen umgedeutet. Aber – wer wird nicht den Empfehlungen der Führungskräfte folgen, die auch sonst über die weitere Karriere entscheiden?

In Sachen Mode und Outfit erlebte die deutsche Politik lange Jahre der Dürre. Rudolf Nurejew beschrieb Politik als die »Sache fetter Männer mit Zigarren«, und Karl Lagerfeld schimpfte: »Der letzte gut angezogene Politiker war Walther Rathenau, vielleicht sind Minister deshalb so schlecht gekleidet, weil die Wahlbürger selber ein Schreck sind«. Doch die Lage hat sich gründlich gewandelt. Politiker setzen neuerdings immer öfter modische Akzente, parteiübergreifend. Unser früherer Außenminister Joseph

Martin Fischer fand den Weg aus den Jeans mit Turnschuhen zum Dreiteiler mit edlem Schuhwerk, Klaus Wowereit tritt kompromisslos in feinstem Tuch auf, und auch Angela Merkel hat sich in Sachen Kleidung sehr gewandelt. Sagte sie früher noch »Mode ist nicht mein Ding«, tritt sie heute doch wesentlich schicker auf.

In der Top-Etage gibt es einen klaren Dresscode: maßgefertigte Anzüge oder Hosenanzüge, erkennbar an den offenen Knopflöchern an den Ärmeln, hochwertige Lederschuhe, am besten handgefertigt, edle Manschettenknöpfe. Natürlich gibt es Ausnahmen, die sind in dieser Höhe allerdings rar gesät. Der große Unterschied liegt in den Kleinigkeiten – an den relevanten Details wie den Nähten identifiziert der Kenner wirklich hochwertige Kleidung. Wenn Sie dazugehören wollen, orientieren Sie sich auch optisch an den Erfordernissen.

Es mag tatsächlich ein wenig einfallslos klingen, aber am weitesten kommen Sie, wenn Sie sich den herrschenden Erwartungen anpassen. Für Männer ist das im Geschäftsleben meist ein Anzug und für Frauen entsprechend ein Hosenanzug oder ein Kostüm. Die Farben sollten in der Regel eher gedeckt gewählt werden. Stecken Sie keine Stifte in die äußere Brusttasche Ihres Anzugs und vermeiden Sie ebenso, alles in den Taschen Ihres Anzugs verstauen zu wollen: Brieftasche, Kalender, Mobiltelefon, Schüsselbund und dergleichen mehr. So ein Sakko bietet viel Platz in vielen Taschen. Allerdings beulen die Taschen dann aus, und das ist nicht wirklich schick. Spätestens dann, wenn Sie vor ein Auditorium treten, sollten Sie Ihre Taschen ausleeren. Der Anzug sitzt, und Sie machen einen deutlich besseren Eindruck.

Tragen Sie zum Anzug das richtige Hemd – lange Ärmel, die etwa zwei Zentimeter unter dem Ärmel des Sakkos hervorschauen. In gehobenem Kontext tragen Sie ein Hemd mit Manschettenknöpfen. Die am besten geeigneten Farben sind weiß, hellgrau oder blau. Schwarze

Hemden wirken optisch sehr massiv und damit oft leicht befremdlich – vielleicht werden diese darum auch vom Wachschutz bevorzugt. Frauen sollten im geschäftlichen Rahmen eher Blusen statt Shirts oder Pullis tragen, das wirkt seriöser.

Zum Anzug gehört eine Krawatte – das ist der Standard. Mit einer passenden Krawatte können Sie Geschmack zeigen und Aufmerksamkeit erregen. Durch eine geschickt gewählte Krawatte lenken Sie den Blick Ihres Gegenübers in Ihr Gesicht. Meiden Sie Krawatten, auf denen sich beispielsweise kleine Tiere tummeln. Das ist wenig geschmackvoll. Richtig gebunden reicht die Krawatte bis zum Gürtel. Fliegen stehen den wenigsten und sollten daher sehr bewusst gewählt werden. Tragen Sie eine Fliege, wenn Sie Ihnen wirklich gut steht (holen Sie dazu ein paar kritische Drittmeinungen ein) und Sie sich wohl damit fühlen. Damen können eine Kette mit einem schönen Anhänger oder mit großen Gliedern als Alternative wählen. Wenn Sie ganz mutig sein wollen, machen Sie es wie Elisabeth Schäffler und tragen bei besonderen Anlässen auch einmal einen Anzug mit Krawatte – gerade als Frau. Der muss dann aber perfekt geschnitten sein und mit dem nötigen Selbstbewusstsein zur Schau gestellt werden. Wenn es ganz fein werden soll, tragen Sie zum Anzug ein Einstecktuch, natürlich in einer anderen Farbe als die Krawatte.

Die passenden Schuhe sind schwarz oder braun, etwas anderes geht nicht. Es sollten Lederschuhe sein, am besten mit einer Ledersohle und selbstverständlich gut gepflegt. Unterschätzen Sie niemals, wie sehr Ihnen andere auf die Schuhe schauen. Frauen können gerade mit schicken Schuhen interessante Akzente setzen. Wichtig ist die Höhe der Absätze – maximal sieben Zentimeter, sonst fallen Sie leicht unangenehm auf. In den Schuhen tragen Männer schwarze Strümpfe, Frauen ebenso, auch wenn es draußen heiß ist. Zur vollständigen Kleidung gehört ein Gürtel aus Leder in der zu den Schuhen passenden Farbe.

Dazu kommen noch die vielen Accessoires wie Uhren und Schmuck, Taschen und Stifte. Top-Manager tragen gerne teure Chronometer, am liebsten aus der Manufaktur. Sehr geschätzt werden von Kennern beispielsweise die Werke von Thomas Prescher. Er ist ein Deutscher, der im Schweizer Bauerndorf Twann mechanische Uhren baut, die ihm seine Kunden aus den Händen reißen. Da gab es zum Beispiel eine Uhrentrilogie aus Platin mit fliegenden Tourbillons, die nur als Satz abgegeben wurden und zusammen stolze 760 000 Franken kosteten. Natürlich war die Produktion vollständig ausverkauft, bevor die ersten Uhren tickten. Auch für Frauen gibt es passende Uhren – von höchster Qualität, beeindruckend schön und atemberaubend teuer.

Ein anderes Statement kann die Frau von Bedeutung mit einer It-Bag machen. Eine solche Luxustasche kommt aus Häusern wie Fendi oder Yves Saint-Laurent. Diese edlen Designerstücke sind limitiert und werden durch Prominente wie Kate Moss populär gemacht. Helga Normalkundin müsste auf ein solches Stück monatelang warten, wenn sie sich eine solche Tasche überhaupt leisten könnte. Das ultimative Signal von Reichtum und Einfluss also.

Statussymbole können allerdings auch Stolperfallen sein. Klaus Kleinfeld ist ein Beispiel dafür. Auf einem offiziellen Siemens-Foto trug der heutige Vorstandsvorsitzende zunächst noch eine Rolex Submariner Date, Listenpreis zu dem Zeitpunkt 3270 Euro. Nach der Amtsübernahme als Siemens-Chef wurde die Uhr wegretuschiert. Es muss wohl mindestens eine Person gegeben haben, die sie für die Top-Führungskraft im Hause Siemens nicht mehr passend fand. Zu klotzig, zu billig? Man kann nur Vermutungen anstellen.

Als Normalsterblicher sollten Sie extreme Modelle vermeiden. Mehrere Uhren gleichzeitig konnte mit Würde nur Nicolaus Hayek tragen. Entscheiden Sie sich lieber für ein dezentes, aber durchaus wertiges Modell. Auch sollte die Uhr unter die Manschette Ihres Hemdes passen. Ihre übrigen Accessoires sollten den von Ihnen beabsichtigten Eindruck unterstreichen. Die Wahl der richtigen Tasche, des richtigen Stifts und anderer Werkzeuge sollte durchaus mit Bedacht und passend zu Ihrem übrigen Outfit vorgenommen werden. Taschen, Schreibgeräte und technische Hilfen wie ein Smartphone dürfen gerne auffallen, aber nicht aufschreien. Auch die Entscheidung für die »richtige« Brille will wohl überlegt sein. Meiden Sie billige Accessoires aus Plastik oder mit Werbeaufdruck. Etwas Besonderes als Schreibgerät ist immer noch ein Füller – die Schrift wird mit Goldfeder und Tinte einfach anders und ein optisch geschickt ausgewähltes Schreibgerät macht meist einfach mehr her. Die Aktentasche unterstreicht Ihre Bedeutung – zu dick und zu schwer tragen nur die unteren Hierarchieebenen. Die Aktentasche der Wahl ist aus Leder oder aus einem modernen Material wie dem hochwertigen Nylon. Schwarz oder Anthrazit sind die Farben der Wahl, bei Leder geht noch ein dezentes Braun. Denken Sie daran, dass Sie die Tasche immer »zu allem« tragen werden oder schaffen Sie sich ein passendes Arsenal unterschiedlicher Taschen an. Ein absolutes Tabu auf der Führungsebene sind Rucksäcke.

 Machen Sie sich mit Bedacht an die Auswahl Ihrer Kleidung und Ihrer Accessoires – Sie dürfen auffallen, aber bitte positiv!
- hochwertig, aber nicht übertrieben
- originell, aber nicht albern
- besser ausgestattet als der Chef geht selten gut
- wenn Sie Macht demonstrieren wollen, leisten Sie sich e i n e n klaren Regelverstoß oder e i n e deutliche Extravaganz – aber bitte mit Stil!

Der Titel als Machtsymbol

Vieles ist als Symbol für Status und Macht geeignet: Der richtige Friseur, das gut gewählte Restaurant, der Arbeitgeber und das Wohnviertel, der richtige Firmenwagen und dazu der mit dem eigenen Namen gekennzeichnete Parkplatz dicht am Eingang.

Am leichtesten erkennen Sie Ihre Bedeutung in einer Organisation an Ihrem Titel. Schon aus Adelszeiten wissen wir, dass ein Prinz bedeutender ist als ein Herzog und dieser in der Rangfolge über einem Fürsten steht. Diese Titel hatten vor 1919 eine größere Bedeutung, als nur Eindruck beim Gegenüber zu schinden. Mit den Titeln waren Ämter und Verantwortung verbunden. Auch in jedem Unternehmen wird Ihre Position mit einem Titel verknüpft, an dem sich in der Regel nicht nur Ihre Verantwortung, sondern auch Ihr Einflussbereich erkennen lässt. Unterhalb der Managementebene beispielsweise gibt es den Spezialisten, in angelsächsisch geprägten Unternehmen auch gerne als Associate bezeichnet. Wenn Sie Verantwortung für ein Budget und für Mitarbeitende tragen, gehören Sie der Managementebene an. Das ist in Deutschland häufig ein Abteilungsleiter Personalwirtschaft oder beispielsweise ein Manager Human Resources. Und so geht es weiter immer schön die Hierarchieleiter empor bis zum Geschäftsführer oder Vorstand. Obwohl in einschlägigen Artikeln und Büchern immer wieder ein Ende der Hierarchie ausgerufen wird, finden sich doch in allen Branchen fein differenzierende Berufsbezeichnungen. So bietet beispielsweise die erfolgreiche Werbeagentur Jung von Matt Jobs für Junior Projektmanager brand activation, Senior Berater brand activation oder auch für Technische Projektmanager an. Sie können dort aber auch Informationsarchitekt werden, Junior Konzeptioner oder auch Senior Designer brand activity. Jede Branche hat ihre eigene Sprache. Ohne Titel als

Zeichen für Verantwortung und damit verbunden für entsprechende Macht geht es allerdings nirgendwo.

 Achten Sie darauf, dass Ihre Position mit einem werthaltigen Titel bezeichnet ist.

Akzeptieren Sie Titel nicht als Ersatz für echte Beförderungen, eine entsprechende Ausstattung der Position oder gar eine Gehaltserhöhung.

Aus den Titeln Ihres Gegenübers können Sie einiges herauslesen, wenn Sie die Hierarchie in dem betreffenden Unternehmen kennen.

Nehmen Sie Titel nicht zu ernst – der Chief Sales Officer in einem kleinen Internet Start-Up hat häufig weit weniger Einfluss als ein Accountant im Großunternehmen.

Stellen Sie Ihren Jobtitel nicht heraus – der Pate muss nicht betonen, dass er der Pate ist, das merkt jeder auch so.

Erstarren Sie nicht in Ehrfurcht vor den Titeln anderer – fragen Sie vielleicht sogar gezielt danach, was Ihr Gegenüber in seinem Unternehmen denn so macht.

Auch der Besuch der richtigen Schule oder der passende Abschluss kann ein Statussymbol sein. Besonders von einem Doktortitel lassen wir uns leicht blenden. Verliehen wird ein Doktortitel eigentlich für den Nachweis der Befähigung zu vertiefter wissenschaftlicher Arbeit. Eine Ausnahme ist der Doktortitel in der Medizin: 80 Prozent aller Ärzte promovieren. Der Wissenschaftsrat bewertet dementsprechend das Niveau der medizinischen Dissertationen in Deutschland als gleichwertig mit Diplom- oder Masterarbeiten in anderen Fächern. Auch im System internationaler Wissenschaftsförderung wird der deutsche Dr. med. nicht mehr als PhD-Äquivalent akzeptiert.

Eine Promotion ist in der Wissenschaft und in der industriellen Forschung und Entwicklung die Voraussetzung für eine weitere Karriere. Doch auch außerhalb dieser exklusiven Sphäre ist die Promotion wertvoll. In unserer Gesellschaft ist der Doktortitel d a s Statussymbol. Der »Dr.« steht bei vielen im Ausweis, auf der Visitenkarte und sogar auf dem Türschild. Trotz der etwa 25 000 Promotionen, die pro Jahr in Deutschland vorgelegt werden, lässt sich mit einem Doktortitel immer noch Eindruck schinden. Roger Boyes, langjähriger Deutschland-Korrespondent der britischen Tageszeitung The Times und Kolumnist im Tagesspiegel, schreibt dazu: »Die Deutschen leiden an einer Doktortitel-Manie ... Das Attribut ›Dr.‹ vor dem Namen fungiert als Schlüssel zum Erfolg, als Kennzeichen von Seriosität. Im Alltagsleben der Angelsachsen hat die Doktorwürde außerhalb der akademischen und medizinischen Welt überhaupt keine Bedeutung. So wie Erwachsene schwerlich über ihre Abiturnoten reden, ist es höchst uninteressant, ob jemand seine Doktorarbeit über den auffälligen Mangel an blau gepunkteten Schmetterlingen in Südperu verfasst hat«.

Für die Karriere ist der Doktortitel in der deutschen Wirtschaft durchaus förderlich: Etwa zwei Drittel der Vorstände von Dax-Firmen sind promoviert, bei der Münchener Rück, bei der BASF, bei Eon und SAP sowie bei ThyssenKrupp sind die Doktoren sogar in der Mehrheit. Das Signal ist klar: Wer den Doktortitel trägt, schafft es leichter bis ganz nach oben. In vielen Fällen ist er sogar Voraussetzung für den Aufstieg.

Auch in der Politik ist der Doktortitel begehrt und anscheinend eine klare Hilfe beim Aufstieg: 19 Prozent, also fast jeder fünfte Bundestagsabgeordnete, tragen den Doktortitel. 36 Prozent aller Doktorhüte im Bundestag entfallen auf die Linke, die SPD und die Grünen, den Rest teilen sich FDP, CDU und CSU. Die Reihen der Promovierten unter den Politikern haben sich allerdings in letzter

Zeit stark gelichtet. Auf der Strecke geblieben sind dabei unter anderem Karl-Theodor zu Guttenberg, Silvana Koch-Mehrin, Margarita Mathiopoulos, Jorgo Chatzimarkakis, Veronica Saß (Tochter von Edmund Stoiber) und einige andere. Diese bedauerliche Lage auf dem Markt der Promotionen und der Plagiate hat Bundesforschungsministerin Schavan dazu veranlasst, die Universitäten davor zu warnen, auf eine möglichst hohe Zahl von Titelvergaben zu zielen. Der Doktortitel, verlangte sie, müsse »Ausdruck einer wissenschaftlichen Qualifikation und nicht ein Statussymbol oder Titelhuberei sein«.

Die herausragende Bedeutung des Doktortitels in Deutschland wird auch daran deutlich, dass aktuell von der Kölner Staatsanwaltschaft bundesweit gegen etwa 100 Professoren wegen Betrügereien bei der Vergabe von Doktortiteln ermittelt wird. Wissenschaft kann also ganz offensichtlich auch recht lukrativ sein, denn sie sollen Geld genommen haben, um Kandidaten zu Doktortiteln zu verhelfen. Zur Ehrenrettung der Wissenschaft sei hinzugefügt, dass es sich bei den betreffenden Hochschullehrern vorwiegend um Honorarprofessoren handelt.

WENN SIE DAS ANRECHT AUF EINEN TITEL HABEN

Führen Sie ihn mit Würde – dort, wo er passt.

Stellen Sie ihn nicht heraus und bestehen Sie nicht auf der entsprechenden Anrede – das zeugt nur von einem eklatanten Mangel an Souveränität.

Im Ausland ist die Wertschätzung eines Doktortitels häufig geringer als in Deutschland – außer der Titel weist Ihre besondere Kompetenz in Ihrem Fach nach.

> **WENN SIE AUF TITELTRÄGER TREFFEN**
>
> Gönnen Sie ihnen die entsprechende höfliche Geste – sprechen Sie Ihr Gegenüber (beispielsweise) mit dem Doktortitel an. Er freut sich, und Sie haben die Form gewahrt.

5 MACHT UND SEX

Von Moral bis Möglichkeit

Macht macht sexy

Was haben John Fitzgerald Kennedy, Martin Luther King, Bill Clinton, Tiger Woods, Arnold Schwarzenegger, Dominique Strauss-Kahn, Silvio Berlusconi und Willy Brandt gemeinsam? Alle sind bekannte Persönlichkeiten – Politiker, Filmstars, Sportler. Und alle hatten außereheliche Affären.

Viele Frauen scheinen ein Faible für mächtige Männer zu haben. Sicherlich ist dieses Phänomen nicht auf mächtige Männer und ambitionierte Frauen beschränkt. Zurzeit sind allerdings noch mehr Männer in den entsprechenden Machtpositionen, darum handeln die bekannt gewordenen Affären meist von Männern im Rampenlicht. Je mehr Frauen in entsprechende Machtpositionen gelangen, desto mehr werden sie auch auf dem Gebiet der Affären aufholen. Man denke nur an Madonna und ihren knapp 30 Jahre jüngeren Geliebten, das brasilianische Model Jesus Luz.

Mit ein wenig Selbstkritik müssen wir einräumen, dass

nicht jeder moralisch so gefestigt ist, ein passendes »Angebot« abzulehnen. Nur wird dieses Angebot nicht jedem gemacht. Mächtige Menschen bekommen einfach mehr davon. Einer der Präsidentschaftskandidaten der erzkonservativen Republikaner beispielsweise ist Newt Gingrich. Als er sich Mitte der 1990er Jahre als oberster Inquisitor gegen Bill Clinton wegen seiner Affäre mit Monica Lewinsky betätigte, vergnügte er sich, noch verheiratet mit Ehefrau Nummer zwei, zeitgleich mit der 33-jährigen Kongressmitarbeiterin Callista Bisek – immerhin keine Praktikantin. Die wenigsten der bekannten Helden in fremden Betten sind ihrerseits jung und schön – oder wenigstens eines von beidem. Die Lösung ist einfacher: Henry Kissinger verrät sie uns: »Macht ist das stärkste Aphrodisiakum.« Die Sexpartner versprechen sich in aller Regel Vorteile von dem Getümmel im Rampenlicht, einen Gewinn an Status und Prestige oder beruflichen Nutzen.

Ulrich Kutschera beschäftigt sich als Biologe mit der Evolution. Er lehrt als Professor an der Universität Kassel und ist als Visiting Professor an der Carnegie Institution für Science der Stanford University tätig. Im Interview mit dem Focus erklärt er den Lesern, dass sich bei Tieren, beispielsweise bei Wölfen, bevorzugt die Führungspersönlichkeiten im Rudel fortpflanzen. Die Alphatiere haben meist den höchsten Fortpflanzungserfolg. Und auch mächtige Menschen versprechen eine gesicherte Rolle in der Gesellschaft – ausreichende Finanzen und ein hoher Status sind die begehrte und gewährte Mitgift.

Diesen Sachverhalt erklärt die Social Exchange Theory, die Theorie vom sozialen Austausch. Sie postuliert, dass Beziehungen zwischen Menschen von einer impliziten Kosten-Nutzen-Rechnung und dem Abgleich mit Alternativen geprägt sind. Die Grundpfeiler dieser Theorie sind die Konzepte Kosten, Nutzen, Ergebnis, Vergleich, Befriedigung und Abhängigkeit. »Nutzen« beschreibt materiellen Ertrag, sozialen Status und emotionales Wohlbefinden. »Kosten« meint Zeitaufwand, Geld oder verlorene, weil durch die getroffene Wahl ausgeschlossene Optionen. »Ergebnis« beschreibt den Unterschied zwischen Kosten und Nutzen. »Befriedigung« berücksichtigt die Tatsache, dass Menschen unterschiedliche Erwartungen an ihre Beziehungen haben und dementsprechend mit demselben Ergebnis unterschiedlich gut zufrieden sind. Menschen wägen ihre aktuelle Situation gegen die verfügbaren (oder die ihrer Ansicht nach verfügbaren) Alternativen ab. Viele Optionen oder wenige, dafür aber sehr gute Alternativen bedeuten eine geringere persönliche »Abhängigkeit« von einer individuellen Beziehung. Ebenso spielen hier intrinsische (beispielsweise Schüchternheit) wie extrinsische (zum Beispiel Lebensstil) Faktoren eine Rolle.

In einer Konstellation wie oben beschrieben profitieren meist beide Beteiligte von einer Affäre – vom körperlichen Wohlbefinden bis hin zu finanziellen Vorteilen, dem dringend erwünschten Schub für die Karriere oder einer sich anschließenden Ehe mit der dazugehörigen rechtlichen Absicherung.

Dominique Strauss-Kahn wurde die schnelle Nummer mit dem 32-jährigen Zimmermädchen aus Guinea zum öffentlichen Verhängnis. Wir wissen nicht, ob Gewalt im Spiel war oder der Sex im Konsens stattfand. Entscheidend ist, dass Dominique Strauss-Kahn den Akt auf dem Zenit seiner Karriere beging: Als Direktor des Internationalen Währungsfonds mit immerhin steuerfreien 295 000 € Jahresgehalt plus 53 000 € Aufwandsentschädigung (viel Geld, und doch nur ein Tropfen auf dem heißen Stein, verglichen mit dem auf mehr als 100 Millionen Euro geschätzten Vermögen seiner Frau, Anne Sinclair). Dominique Strauss-Kahn war auf dem Weg zur aussichtsreichen Kandidatur um die Präsidentschaft Frankreichs – zur ultimativen Machtposition in seinem Heimatland. Seine Biografie ist allerdings dadurch gekennzeichnet, dass er ständig Grenzen überschreitet. Vieles davon ist seit Jahren öffentlich bekannt. Die Schauspielerin Danièle Evenue sagte unwidersprochen im Radio: »Wer wurde eigentlich noch nicht von ihm angemacht?« Véronique Bensaid, eine frühere Mitarbeiterin, berichtete Michel Taubmann für die Biografie von Dominique Strauss-Kahn, dass im Gegenzug auch die Frauen ihm scharenweise hinterherliefen. Dominique Strauss-Kahn stellte selber fest, er habe ein freizügiges Sexleben geführt, und einschlägige Partys seien in Politikerkreisen doch üblich.

Gelegenheit macht Diebe, sagt der Volksmund, und offensichtlich ist die Summe der Gelegenheiten deutlich größer, wenn Sie Macht haben. Auch scheinen Menschen in hohen Positionen eher zur Untreue zu neigen. Das bestätigen wissenschaftliche Untersuchungen. Macht, übersteigertes Selbstbewusstsein und hohe Risikobereitschaft scheinen Hand in Hand zu gehen. Studien von Cameron Anderson und Adam Galinsky belegen, dass Menschen immer dann gesteigertes Risikoverhalten zeigen, wenn sie sich mächtig fühlen. Sie bevorzugen beispielsweise Investitionen in Geschäfte, die zwar riskanter sind, aber auch einen höheren Profit versprechen. Unterschiede zwischen Frauen und Männern zeigen diese Studien nicht. Menschen in hohen Positionen konzentrieren ihre Aufmerksamkeit stärker auf die möglichen Belohnungen als auf das potenzielle Risiko. Diese Wahrnehmung von Kontrolle und Erfolgspotenzial gilt auch für tatsächlich unkontrollierbare Risiken. So glauben beispielsweise auch 81 Prozent der Firmengründer, dass ihre Firma die ersten fünf Jahre überlebt. Tatsächlich schaffen das nur 35 Prozent.

Macht bedeutet die Kontrolle über Entwicklungen. Kontrolle bedeutet Konstanz, Planbarkeit, Sicherheit und die Möglichkeit, weiterhin Einfluss zu nehmen. Und wenn vergangene Erfolge – in diesem Fall bei Sexualpartnern – bestätigen, dass es gut geht, dann verlängern wir diese Erfolgserwartung natürlich in die Zukunft. Das promiskuitive Verhalten wird also im Falle erfolgreicher Liebschaften in der Vergangenheit in Zukunft eher noch häufiger werden. Speziell wenn diese Affären in der Vergangenheit unentdeckt blieben, werden die Protagonisten dazu neigen, ihr Verhalten eher noch zu intensivieren. Bei Licht betrachtet sagen vergangene Erfahrungen leider nur selten etwas über zukünftige Erfolge aus. Das Leben allerdings ist so komplex und kompliziert, dass wir gerne nach den – scheinbaren – Sicherheiten vergangener Erfahrungen greifen.

Unser »gesunder Menschenverstand« geht von einer Reihe eingebauter Voraussetzungen aus. Rupert Riedl beschreibt in seiner Biologie der Erkenntnis die Grenzen biologisch vor-eingestellter Annahmen, die unser Erkennen und Handeln erleichtern, aber genau dadurch eben auch begrenzen. Die »Hypothese vom anscheinend Wahren« beschreibt unsere Tendenz, nach Regeln und Kausalitäten zu suchen. Menschen fällt es schwer, Zufälle zu erkennen. Wir suchen bei Wahrnehmungen oder Ereignissen nach einer Regel, nach einem inneren Zusammenhang. Ein Beispiel dafür sind die Sternbilder am Himmel, die natürlich keine reale Entsprechung in der Raumordnung der Sterne haben. Wir suchen und finden trotzdem ein Muster in der räumlichen Anordnung der als zusammengehörig wahrgenommenen Sonnen. Die »Hypothese vom Vergleichbaren« lässt uns erwarten, dass Ähnlichkeiten in einzelnen Merkmalen auch eine allgemeine Konstanz bedeuten. Deswegen erkennen wir beispielsweise eine Katze schon dann, wenn wir nur ihre Ohren sehen. Und die »Hypothese von der Ursache« enthält unsere Annahme, dass sich Gleiches in gleicher Weise wiederholen wird und dass ähnliche Ergebnisse identische Ursachen haben. Das sind Gründe, warum wir häufig wenig flexibel sind. Vielmehr wiederholen und intensivieren wir unsere Bemühungen, um ein bestimmtes Ergebnis zu erzielen, wenn wir es in der Vergangenheit auf genau diesem Weg erreicht haben. Wenn es bisher funktioniert hat, wird es auch in Zukunft gut gehen. Glauben wir.

Das Gefühl der scheinbaren Unangreifbarkeit ist ein weiterer Grund, warum so viele mächtige Menschen hohe Risiken eingehen. Mächtige Menschen haben einiges erreicht in ihrem Leben, und sie neigen zu der Ansicht, dass ihnen gewisse Belohnungen einfach zustehen. Und sie finden natürlich leicht willfährige Mitstreiter. Doch die Wahrscheinlichkeit der Entdeckung steigt natürlich mit dem Grad der Bekanntheit – Prominente stehen viel stärker unter Beobachtung als Frau und Herr Jedermann. Der ehemalige Bundespräsident Christian Wulff kann ein Lied davon singen. Erfolgreiche Menschen sind risikobereiter. Das bedeutet auch, dass sie kontinuierlich Regeln brechen (müssen), um ganz nach oben zu kommen. Wenn es die »richtigen« Regeln sind und der Regelbruch erfolgreich ist, dann geht es häufig steil aufwärts auf der Karriereleiter. Geschichte wird immer vom Sieger geschrieben. Wenn die »falschen« Regeln gebrochen werden, holt man sich allerdings ein blaues Auge oder landet sogar im Gefängnis.

Denken Sie nur an die vielen Betrügereien bei den Promotionen von Guttenberg bis Koch-Mehrin oder denken Sie an die vielfachen Bestechungsskandale in Österreich und anderswo. Übrigens hatte auch Martin Luther King in seiner Ph. D.-Arbeit, dem Pendant zur deutschen Dissertation, abgeschrieben.

Prominente, egal ob aus Politik, Wirtschaft oder Medien, sind natürlich außerordentlich sichtbar. Präsenz in der Öffentlichkeit ist ein wichtiger Baustein des Erfolgs, sie gehört zum Geschäftsprinzip. Und mit dieser Sichtbarkeit steigt die Wahrscheinlichkeit, dass ein solcher Fehltritt entdeckt wird, steil an. Solche saftigen Storys sind zudem immer ein wahres Vergnügen für das Publikum – ob im privaten Bereich oder in der Presse.

Berühmten Personen mit Affären macht heutzutage allerdings die veränderte öffentliche Moral zu schaffen. In unserer westlichen Kultur wird promiskes Sexualverhalten mittlerweile nicht mehr totgeschwiegen und meist nicht mehr toleriert. In den USA ist die öffentliche Meinung in Sachen Moral konservativer als in Europa, speziell in Frankreich und Italien. In Europa sind mächtige Politiker aus beiden Ländern für ihre Affären bekannt. Spitzenpolitiker setzen die Macht ihres Amts immer wieder rücksichtslos für eigene Zwecke ein. Ob es François Mitterand war (Spitzname in Frankreich »Dieu«), der Staatsgelder ungestraft für den Unterhalt seiner Zweitfamilie einsetzte, ob es Berlusconi ist, der seine Feste mit einer Heerschar junger Prostituierter aufwertet, keiner erlitt dadurch in der öffentlichen Meinung wirklich Schaden. Macht macht vieles möglich. Auch Dominique Strauss-Kahn konnte seinen Neigungen frönen, ohne dass ihn das in den Augen seiner Frau Anne Sinclair (»Ein erfolgreicher Politiker muss verführen können. Ich bin stolz auf ihn.«) oder in der Öffentlichkeit beschädigt hätte.

Macht macht sexy – Sie haben leichter Zugang zu Sexualpartnern.

Wenn Sie eine intime Beziehung zu einer Mitarbeiterin/zu einem Mitarbeiter haben, gehen Sie davon aus, dass auch andere von ihren Affären erfahren werden.

Kalkulieren Sie ein, dass Ihr Partner Gegenleistungen erwartet.

Wenn Sie moralisch unangreifbar bleiben wollen, lassen Sie lieber die Finger davon.

Sexuelle Belästigung am Arbeitsplatz

Es gibt eine sehr unschöne Facette auch vieler öffentlich bekannter Fälle: Von Arnold Schwarzenegger wusste man seit langem, dass er sich Frauen auch unerwünscht näherte und sie ungeachtet ihrer Wünsche körperlich zu manipulieren versuchte. In den Jahren zwischen 1975 und 2000 gab es mehr als ein Dutzend Klagen wegen sexueller Belästigung. Dazu gehörte durchaus Mut, denn diese Frauen riskierten ihre Jobs. War doch die Mehrzahl beruflich im Umfeld der Filmindustrie und der überaus erfolgreichen Schwarzenegger-Filme angesiedelt.

Diese Konstellation scheint nicht nur typisch zu sein für den Darsteller von Conan, dem Barbaren. Es ist auffällig, dass in einer Vielzahl von Fällen deutlich abhängige und unterlegene Personen manipuliert werden. Bill Clinton tat es (unter anderem) mit einer Praktikantin und mit einer Rezeptionistin, Schwarzenegger zeugte ein Kind mit einer Hausangestellten, Strauss-Kahn hatte seine Affären mit Mitarbeiterinnen, beispielsweise im IWF oder mit einer Reinigungskraft im Hotel, Berlusconi lud nahezu minderjährige und nicht sonderlich gut ausgebildete Frauen zu den Partys in seine Villen. Eine Reporterin des Stern berichtet vom Zusammentreffen mit einem deutschen Ministerpräsidenten anlässlich eines Interviews in der Staatskanzlei. Er fragte, ob sie Kinder habe. Als sie verneinte, erklärte er sofort, da könne er abhelfen, und rief seiner Sekretärin zu, sie solle einmal für ein paar Minuten die Tür schließen. Der Bürgermeister der Gemeinde Kaisersesch wurde von 83 Prozent seiner Bürger abgewählt, nachdem er wegen der tätlichen Belästigung einer Mitarbeiterin auf einer Dienstreise zu 18 Monaten auf Bewährung verurteilt worden war. Das Verhalten folgt häufig dem identischen Muster: Es beginnt mit körperlicher Nähe – Berührungen, Umarmungen, kleine Küsse –, dazu kommen bewertende

Kommentierungen, erste Einladungen, und wenn das Opfer sich nicht ausreichend deutlich zur Wehr setzt, kommt es schnell zu den eigentlichen Übergriffen. Sexuelle Belästigung steht unter Strafe, Belästigte können meist innerhalb von etwa drei Tagen erreichen, dass der Delinquent sogar per Schutzanordnung verpflichtet wird, ein Abstandsgebot einzuhalten. Diese Anordnung kann mit einer Androhung von 50 000 Euro Strafgeld untermauert werden. In Unternehmen sind die Vorgesetzten arbeitsrechtlich verpflichtet, bei Bekanntwerden solcher Delikte tätig zu werden. Sie machen sich sonst selber strafbar. Auch die Mitarbeitervertretung muss tätig werden, wenn der Beschäftigte um Unterstützung bittet.

Leider ist die Dunkelziffer sexueller Übergriffe recht hoch. Sexuelle Belästigung findet sich am Arbeitsplatz in allen Bereichen und auf allen Ebenen, sowohl Kollegen als auch Vorgesetzte belästigen. Und viele Belästigte trauen sich nicht, den Täter zur Rechenschaft zu ziehen. Sie haben meist Angst um ihren Job oder um ihre Karriere. Das Bundesfamilienministerium veröffentlichte im Mai 2010 die Ergebnisse der repräsentativen Untersuchung »Lebenssituation, Sicherheit und Gesundheit von Frauen«. Demnach haben »22 Prozent aller befragten Frauen Situationen sexueller Belästigung in Arbeit, Schule oder Ausbildung seit dem 16. Lebensjahr mindestens ein Mal erlebt – überwiegend durch Männer. Frauen sind überdurchschnittlich häufig von sexueller Belästigung am Arbeitsplatz betroffen, wenn sie keine berufliche Qualifikation oder Ausbildung aufweisen, sich noch in der Probezeit befinden oder erst kurze Zeit im Betrieb sind. Tatsächlich ist in den meisten Fällen ein großes Machtgefälle zwischen Tätern und Opfern zu beobachten, besonders oft werden Abhängigkeitsverhältnisse ausgenutzt.« Natürlich sind auch Männer Opfer entsprechender Attacken, neigen allerdings meist noch weniger als Frauen dazu, diese Übergriffe öffentlich zu machen. Sexuelle Belästigung beginnt mit Anstarren und anzüglichen Bemerkungen, sie geht über in Belästigungen per Telefon oder Computer und mündet in unerwünschte und körperliche Übergriffe. Viele Opfer verharmlosen oder verschweigen die sexuelle Belästigung aus Angst vor Verleumdung oder Arbeitsplatzverlust. Gegen sexuelle Belästigungen können sich Betroffene rechtlich zur Wehr setzen: Den Schutz vor sexueller Belästigung am Arbeitsplatz regelt das Allgemeine Gleichbehandlungsgesetz (AGG). Wer in Zusammenhang mit seinem Beschäftigungsverhältnis von sexueller Belästigung betroffen ist, hat nach dem AGG das Recht, sich beim Betriebsrat und bei Vorgesetzten zu beschweren. Diese sind verpflichtet, aktiv zu werden. Wird dagegen verstoßen, können Abmahnungen, Versetzungen oder auch Kündigungen des Verantwortlichen erfolgen. Unter bestimmten Voraussetzungen ist der Arbeitgeber sogar zum Schadensersatz verpflichtet.

Wie verhalten Sie sich richtig, wenn Sie im Arbeitsalltag Opfer von unangemessenen Annäherungsversuchen werden? Das englische Wort für bestimmtes und sicheres Verhalten ist »assertiveness«. Es meint Durchsetzungsvermögen und noch ein bisschen mehr: Gemeint ist die Absicht, einen entschiedenen Eindruck zu vermitteln, bestimmt aufzutreten und das gewünschte Ergebnis zu erzielen. Wirkungsvolles Verhalten beinhaltet die Durchsetzung Ihrer legitimen Interessen. Dies beinhaltet Ihr Recht, Ihre eigenen Bedürfnisse als wichtig anzusehen, ohne Schuldgefühle »nein« zu sagen, der eigenen Position Gehör zu verschaffen und Nachdruck zu verleihen. Wirkung zu erzielen bedeutet, Ihre eigenen Prioritäten zu setzen.

Der Gegenpol dazu ist »submissiveness« oder gehorsames Verhalten als Verzicht auf die eigenen Rechte. Dieses Verhalten kann dazu führen, dass Ihnen permanent unerfreuliche Arbeiten angetragen werden oder Sie im schlimmsten Fall sexuelle Belästigung erfahren müssen. Am Ende verlieren Sie Ihr Selbstbewusstsein und das Gefühl für den eigenen Wert.

Treten Sie also entschieden für Ihre Interessen ein. Formulieren Sie klar und präzise. Sprechen Sie laut und deutlich, nehmen Sie Blickkontakt mit dem Angesprochenen auf. Wird Ihre Bemerkung ignoriert, so wiederholen Sie diese ein wenig lauter und setzen den Namen des Angesprochenen ein. Sprechen Sie das kritische Verhalten offen an und überlassen Sie es dem anderen, sich zu erklären. Zeigen Sie keine falsche Scheu! Störendes oder aggressives Verhalten Ihnen oder anderen gegenüber dürfen und sollten Sie zum Thema machen. Je länger Sie einen Angriff dulden, umso schwerer wird es Ihnen fallen, sich zur Wehr zu setzen. Benennen Sie das Verhalten und fragen Sie: »Warum tun Sie das?«, »Ist Ihnen noch gar nicht aufgefallen, dass Sie mich damit belästigen?« Lassen Sie sich durch Beschwichtigungsversuche nicht irritieren. Wiederholen Sie Ihr Anliegen und bestehen Sie auf einer Klärung. Wenn diese Interventionen nicht fruchten, weisen Sie den anderen auf die Konsequenzen seines Tuns hin. Denken Sie im Zweifel an mögliche Eskalationen: Binden Sie den nächsthöheren Vorgesetzten ein und die Mitarbeitervertretung.

Körpersprachlich unterstützen Sie wirkungsvolles Handeln durch eine klare und ausreichend laute Stimme. Sprechen Sie deutlich und verständlich. Formulieren sie einfache, kurze Sätze. Sprechen Sie eher langsam, werden Sie weder schneller noch lauter. Bleiben Sie angemessen in der Wortwahl! Gerader Stand oder aufrechtes Sitzen und offene Körperhaltung sind wichtig. Nehmen Sie Blickkontakt auf und verwenden Sie den Namen des Angesprochenen. Die persönliche Distanz sollte auf keinen Fall unterschritten werden. Vermeiden Sie aggressive Gesten.

WENN SIE ZUM OPFER VON SEXUELLER MACHT WERDEN – WAS KÖNNEN SIE TUN?

- Weisen Sie ein entsprechendes Ansinnen energisch und deutlich zurück.
- Kündigen Sie an, sich zu beschweren und den Angriff öffentlich zu machen.
- Machen Sie zur Sicherheit schriftliche Aufzeichnungen.
- Informieren Sie Arbeitgeber und/oder Betriebsrat bzw. Gleichstellungsbeauftragte.
- Schalten Sie gegebenenfalls einen Anwalt ein.

Mächtige Menschen scheinen auf dem Gipfel ihrer Karriere einen Teil der sozialen Intelligenz wieder einzubüßen, die ihnen oft erst den Aufstieg ermöglicht hatte. Diese Qualitäten scheinen in gleichem Masse zu schwinden, wie sie sich auf dem Weg nach oben entwickelt haben. Zwar beklagen viele Prominente und Top-Manager mangelndes Feedback, sie bemühen sich meist aber auch nicht besonders emsig um kritische Rückmeldungen. »Memento mori. Bedenke, dass du sterben wirst.« Den siegreichen Feldherren im alten Rom soll ein Sklave diesen Satz beim Triumphzug beständig ins Ohr gerufen haben, während er dem Triumphator den Lorbeerkranz über das stolze Haupt hielt. Macht korrumpiert, sie verändert die Wahrnehmung und je höher die Mächtigen steigen, auf desto weniger Widerstand treffen sie. Schließlich möchte jeder in der Entourage für die eigene Karriere sorgen. Weder traut sich jemand, die schlecht gehaltene Rede kritisch zu kommentieren, noch weisen Mitarbeitende den Chef oder die Chefin auf die – sprichwörtlich oder tatsächlich – offene Hose hin.

Denken Sie beim Thema Macht und Sex nicht nur an »die ganz oben«. Macht ist auf allen Ebenen der Gesellschaft präsent und wird an vielen Stellen zur Erlangung von Sex eingesetzt: Da gibt es die nahezu unüberschaubare Schar an Geistlichen aller Ränge und vieler Konfessionen, die sich aufgrund ihrer Machtposition an Abhängigen und Schutzbefohlenen sexuell vergehen konnten. Da verteilt mancher Lehrende an Schulen und Hochschulen gute Noten nicht nur für intellektuelle Leistungen, und in vielen Unternehmen befördert nicht nur die fachliche Kompetenz die Karriere. Das Seitensprungportal First-Affair.de befragte eintausend Deutsche zwischen 18 und 76 Jahren. Demnach sind deutsche Arbeitnehmer generell offen für sexuelle Begegnungen im Büroumfeld. 36 Prozent hatten bereits ein erotisches Abenteuer am Arbeitsplatz, jede fünfte der Frauen mit ihrem Chef, ohne dies als Belästigung zu empfinden.

Es gibt keine Kultur, in der sexuelle Grenzüberschreitungen unbekannt wären – vollkommen unabhängig von Moral, Religion oder Strafen. Forschungsergebnisse zeigen immer wieder, dass mehr als 70 Prozent der Männer und mehr als 50 Prozent aller Frauen sich zu Affären bekennen. Unternehmen sehen diese Thematik zunehmend als ein Problem und versuchen, dem Missbrauch der Macht durch einen konsequenten Verhaltenskodex vorzubeugen. Natürlich sind die Mächtigen der Wirtschaft nicht moralischer und damit nicht treuer als andere Menschen. Brisant für das Unternehmen wird es, wenn das Thema Sex zum öffentlichen Thema wird. »Wird eine Affäre zur Schlagzeile, kann sich der Manager erschießen, dann ist's aus mit der Karriere«, sag Dieter Rickert, ein Altmeister unter den Headhuntern. »Ein Manager, der seinen Trieb nicht unter Kontrolle hat, kriegt früher oder später ein Problem.« So verlor der weltgrößte Chemiekonzern BASF vor drei Jahren einen Aspiranten auf den Vorstand: »Der Aufstieg des Mannes war bereits beschlossen, sogar öffentlich verkündet, als die Liaison mit einer BASF-Angestellten aufflog. Sofort wurde die Beförderung rückgängig gemacht, von einem Tag auf den anderen verließ der Manager den Konzern, offiziell aus persönlichen Gründen«.

Der Missbrauch der Macht im sexuellen Austausch hat wahrscheinlich auch mit einer weiteren Facette des menschlichen Zusammenlebens zu tun: Nach einer gewissen Zeit in einer Partnerschaft lassen der Grad der sexuellen Anziehungskraft und auch die sexuelle Aktivität meist nach. Der Partner mit dem geringeren Bedürfnis nach sexueller Nähe bestimmt dabei fast immer Menge und Intensität. Das trifft für Otto Normalmensch genauso zu wie für die Strauss-Kahns dieser Welt. In einer von Macht bestimmten Beziehung mit einem abhängigen Partner verkehrt sich diese Konstellation ins Gegenteil: Der mächtige Partner kontrolliert den Sex: wann, wie, wo und wie oft. Damit ist es für ihn natürlich leichter, Bedürfnisse unmittelbar zu befriedigen, statt den Aufwand mit dem mühevollen Werben um einen unwilligen und vielleicht mittlerweile sogar weniger attraktiven Partner zu betreiben.

Joris Lammers forscht als Psychologe an der niederländischen Tilburg Universität. Er führte mit 1561 Teilnehmenden eine Untersuchung zu den Schlüsselfaktoren der Untreue durch. Er stellte dabei fest, dass eine Machtposition am ehesten zur Untreue prädestiniert. Menschen mit Macht entwickeln ein starkes Gefühl von Selbstsicherheit und damit einhergehend eine größere Bereitschaft, Risiken einzugehen. Zwischen den Geschlechtern fanden sich in der Studie keinerlei Unterschiede.

Für Ihr eigenes Handeln denken Sie an die alte Weisheit: Wenn Sie Ihre Macht behalten wollen, trennen Sie Beruf und Privates. Wiegen Sie sich nicht in der trügerischen Sicherheit, dass man ausgerechnet Sie schon nicht erwischen wird. Im einfachsten aller Fälle gibt es immer einen zweiten Menschen, der davon weiß. Und fragen Sie sich selbstkritisch, ob Ihr Spaßpartner auch dann noch dichthalten wird, wenn die Affäre vorbei ist oder wenn Sie nicht imstande sind, zu liefern – was auch immer: Gefühle, Geld, Karriere. Oder es muss Ihnen egal sein, was passiert, wenn es rauskommt. Das wird aber in den seltensten Fällen zutreffen.

6 MACHT UND HIERARCHIE
Von Chef bis Führung

Hierarchie ist Macht

Die Arbeit im Bundesministerium der Finanzen biete viele Chancen mit vielfältigen herausfordernden Verwaltungstätigkeiten, so die Aussage der Website. In einem so hoch qualifizierten Umfeld gehe man respektvoll und freundlich miteinander um. Manchmal allerdings ist die Realität ein wenig rauer: Auch als Top-Beamter kann es Ihnen passieren, dass Ihr oberster Dienstherr, der Minister, Sie vor laufenden Kameras lächerlich macht. Michael Offer war lange Jahre Pressesprecher im Bundesministerium der Finanzen. Am 9. November 2011 ist er von seinem Amt zurückgetreten. Den Grund dafür kann sich jeder auf YouTube anschauen. Alles war bereit für die Pressekonferenz mit dem Minister Wolfgang Schäuble und etwa 50 Journalisten. Die Kameras liefen schon, nur die Pressemitteilung mit den aktuellen Daten zur Steuerschätzung fehlte noch. Daraufhin verließ der Minister die Pressekonferenz abrupt wieder. »Reden Sie nicht, sondern sorgen Sie dafür, dass die Zahlen verteilt werden«, herrscht er seinen Mitarbeiter

Michael Offer öffentlich an. Einfache Regeln der Höflichkeit würden es jedem Normalsterblichen nach einem solchen Fauxpas nahelegen, sich zu entschuldigen.

Von Ralph Dommermuth, dem Vorstandsvorsitzenden der United Internet, wird berichtet, wie er als Sportvorstand bei dem United America's Cup-Team aufräumte. Extra aus dem westerwäldischen Montabaur eingeflogen, feuerte er den Sportdirektor Andreas John direkt nach seinem Eintreffen. John bekam 20 Minuten Zeit eingeräumt, um seine Sachen zu packen und das Gelände zu verlassen. Der Presse erklärte Ralph Dommermuth sein Verhalten folgendermaßen: »Wenn man sich von jemandem trennt, dann sofort. Wir sind kein Gesangs- oder Künstlerverein, sondern eine Profimannschaft. Je höher man da kommt, desto höher sind die Anforderungen. Da ist so ein Schritt ganz normal. Wir sind der Meinung, daß Herr John seine Position nicht richtig ausgefüllt hat«. Natürlich hätte man die Trennung ebenso schnell und effizient ohne ein so großes öffentliches Echo durchziehen können. Nur dann hätte ja niemand von der Entschiedenheit und der Dominanz des Ralph Dommermuth erfahren. Das ist Macht!

Ihre Macht leitet sich für diese Akteure aus ihrer Position in der Hierarchie ab. Durch ihre Position in der Hierarchie werden der Minister und der Vorstandsvorsitzende ermächtigt, auf die beschriebene Art zu handeln, und durch ihre jeweilige Position sind die Mitarbeitenden gezwungen, sich an den Entscheidungen und am Verhalten der Vorgesetzten zu orientieren.

Unternehmen haben Ziele, die sie erreichen wollen. Um das zu tun, müssen die Menschen in Unternehmen bestimmte Aufgaben erfüllen. Darum sind Unternehmen strukturiert. Sie sind gezielt und gewollt organisiert – es gibt Abteilungen wie Produktion oder Marketing, Forschung und Entwicklung oder Einkauf. Ebenso gibt es Funktionen wie Referent und Abteilungsleiter oder Vorstand und häufig noch aus der Matrix kommende Strukturen, wie wir sie aus Projekten kennen, beispielsweise einen Lenkungsausschuss oder Projektleiter. Mit diesen Strukturen gibt es in den Unternehmen Menschen, die Verantwortung tragen und Entscheidungen treffen. Um diese Entscheidungen umzusetzen, bedarf es Macht. Organisationen schaffen den Rahmen, um diese Macht auszuüben.

Nach dem Schema von French und Raven haben wir es hier mit legitimer Macht als Quelle zu tun. Diese wird aus einer Institution oder einer Instanz abgeleitet, die von den Teilhabenden als legitim und relevant akzeptiert wird. Ein Beispiel dafür sind Polizisten, die aufgrund der vom Staat verliehenen Macht über weiter reichende Rechte als der Normalbürger verfügen. Ein anderes Beispiel ist die Führungskraft in einem Unternehmen. Aufgrund meiner Einordnung in die Hierarchie akzeptiere ich, dass mit bestimmten Führungsaufgaben bestimmte Rechte verbunden sind. Die vorgesetzte Führungskraft darf stellvertretend für das Unternehmen in ihrem Verantwortungsbereich Entscheidungen treffen, an die sich die Mitarbeiter zu halten haben.

Ein Chef entscheidet, wann eine Sitzung stattfindet, wer teilnehmen sollte und welche Themen einen Platz auf der Agenda finden. Er entscheidet, wer mit welchem Aufgabengebiet betraut wird, wer das Unternehmen auf der nächsten Messe vertritt oder wer das Projektteam leitet. Beliebte und unbeliebte Aufgaben, solche mit oder ohne Strahlkraft in Richtung Vorstand tragen zur weiteren Karriere im Unternehmen bei.

Macht durch Belohnung hängt natürlich davon ab, ob derjenige mit Macht Belohnungen verteilen kann – und ob diese Belohnungen für Dritte einen Wert haben. Führungskräfte können über gute Beurteilungen, Beförderungen oder Boni entscheiden. Belohnungen können aber auch immateriellen Charakter haben – Aufmerksamkeit, Zeit oder Lob. Der Wert insbesondere dieser immateriellen Belohnungen hängt davon ab, ob ich den Chef oder die Chefin akzeptiere und respektiere.

Macht entsteht in Organisationen aus der Hierarchie heraus. Unterschiedliche Personen sind in verschiedenen Funktionen tätig, die jeweils mit entsprechenden Befugnissen ausgestattet sind. Um Entscheidungen umzusetzen, vielleicht sogar gegen Widerstände, brauchen die Verantwortlichen Macht. Management funktioniert nur dann, wenn die entsprechenden Machtmittel auch genutzt werden – man sollte sie allerdings nicht missbrauchen.

Von Kajo Neukirchen, dem früheren Vorstandsvorsitzenden der MG Technologies, gibt es eine Geschichte, die die Macht der Position und ihren Gebrauch illustriert: Auf seinem Schreibtisch hatte Kajo Neukirchen einen Knopf, und diesen Knopf drückte er, wann immer er einen Kaffee wollte. Schon kam eine Dame aus dem Vorzimmer und goss ihm Kaffee ein – und zwar aus der Kanne, die auf seinem eigenen Schreibtisch stand.

Von Führungskräften sollte man Empathie erwarten, die Fähigkeit, sich in andere hineinzuversetzen. Doch der Sozialpsychologe Dacher Keltner von der University of California in Berkeley fand heraus, dass Macht scheinbar unser Denken blockiert: »Wir betrachten die Dinge dann nur noch aus dem Blickwinkel unserer Eigeninteressen.« In seinen Experimenten waren die Versuchspersonen in der schwächeren Position stets besser darin, die Ansichten und Motive ihrer Mitmenschen korrekt einzuschätzen. Das Feedback nach oben ist allerdings selten erwünscht, geschweige denn gefordert. Die dadurch entstehenden Informationsdefizite gleichen Führungskräfte dann gerne durch den beherzten Gebrauch von Stereotypen zu Lasten differenzierterer Einschätzungen anderer Personen aus.

1985 brachte Doris Dörrie ihren Film »Männer« auf die Leinwand. In diesem Film erblickte ein »Managertest« das Licht der Öffentlichkeit. In der Szene lässt Stefan sich auf den Test ein: Er folgt Julius' Aufforderung, einen Papierhut zu falten, diesen aufzusetzen und damit auf einen Stuhl zu steigen. Julius kommentiert: »Ein Manager setzt sich keinen Papierhut auf und steigt auch nicht auf einen Stuhl, wenn man es ihm sagt. Test nicht bestanden!«

Wir lernen daraus die zwei wichtigsten Regeln für erfolgreiche Chefs: Zum einen keine Aufforderung anderer blind und unhinterfragt befolgen und zum anderen souverän bleiben, nichts tun, womit ich mich lächerlich mache.

Der richtige Umgang mit hierarchisch begründeter Macht

Macht in Unternehmen oder Organisationen entsteht aus der Position und Aufgabenstellung heraus. Mit dem Amt wird dem Amtsinhaber Macht in Form bestimmter Befugnisse verliehen. Das geht einher mit der Kontrolle über bestimmte Ressourcen. Gerade Führungspositionen sind durch die Verfügung über ein Budget, über Arbeitsmittel und die Anordnungsbefugnis den Mitarbeitern gegenüber gekennzeichnet. Der Chef hat die weitgehende Kontrolle über Belohnung und Aufstieg von Mitarbeitern.

Gefährlich kann es werden, wenn Macht ohne ausreichende Kontrolle ausgeübt wird. Dana Carney von der Columbia Business School wertete die physiologischen Effekte in einem Versuch aus, in dem die Versuchspersonen gebeten wurden, scheinbar illegal Geld zur Seite zu schaffen. Erhöhte Werte von Stresshormonen stellte die Forscherin nur bei Mitarbeitern fest, nicht aber bei Führungskräften. Professor Deborah Gruenfeld von der Stanford School of Business untersuchte mehr als 1000 Entscheidungen des Obersten Gerichtshofs der USA. Diejenigen Juristen, die die Meinung der Mehrheit auf der Richterbank begründeten, schrieben diese aus einer Position der Stärke heraus. Ihre Begründungen waren durchweg einfacher gehalten und juristisch weniger stichhaltig.

Die Einsicht ist bestechend einfach: Je höher Ihre Position in der Hierarchie, desto größer ist Ihre formale Macht. Desto größer ist auch Ihre Verantwortung und, so sollte man meinen, desto sorgfältiger werden Sie mit der Macht umgehen. Der bereits zitierte Dacher Keltner resümiert die Ergebnisse seiner Forschungen jedoch wie folgt: Macht veranlasst Menschen dazu, impulsiv zu handeln, und schränkt unsere Möglichkeit, das Handeln anderer zu verstehen, stark ein. Macht verleitet Menschen dazu, ihren Wünschen und Impulsen zu folgen. Menschen mit Macht neigen dazu, andere Menschen in körperlich unangemessener Weise zu berühren, riskantere Entscheidungen zu treffen und sich generell dominant zu verhalten. In ihrem Verhalten zeigen sie Züge, die dem Verhalten von Soziopathen ähneln: Sie unterbrechen andere Menschen, vermeiden Blickkontakt, verhalten sich verletzend gegenüber Kollegen und auch gegenüber Freunden. Feldstudien zeigen immer wieder, dass die am wenigsten akzeptablen Verhaltensweisen – Beschimpfungen, Flüche, Angriffe und verbale Zumutungen – aus den Büros der Menschen mit wirklicher Macht im Unternehmen herausschallen. Dacher Keltner sieht starke Parallelen zwischen dem Verhalten mächtiger Menschen und dem von Patienten mit Schädigungen der Frontallappen – diese Schädigung führt zu impulsivem und nicht empathischem Verhalten.

Viele unterstellte Mitarbeiter bedeuten in den meisten Hierarchien auch Macht. Ihre Macht den Mitarbeitern gegenüber besteht im Gewähren oder Verwehren von Belohnungen jeglicher Art – von der besseren Ausstattung des Arbeitsplatzes über die Zuweisung bestimmter Aufgaben bis zur Beförderung. Und außerhalb Ihres eigentlichen Machtbereichs wächst Ihre Bedeutung natürlich mit der schieren Größe der Truppen, die Sie ins Feld führen. Das beginnt beim größeren Budget für den größeren Bereich und endet beim Ärger, den Sie mit der Zahl Ihrer Mitarbeiter verursachen können.

Neben der Macht durch die Kontrolle über Ressourcen kann Macht auch aus der Kontrolle über Informationen und Entscheidungsprozesse erwachsen. Aus einer Machtposition heraus kann ich den Weg vorgeben, auf dem Entscheidungsprozesse stattfinden. Sie können die Auswahl und den Fluss von Informationen kontrollieren, Sie bestimmen, wem Aufgaben übertragen werden und Sie entscheiden über die Qualität der erbrachten Leistungen. Sie bewerten Vorschläge und behalten sich das letzte Recht vor, ja oder nein zu sagen.

Der Vorstand oder die Geschäftsführung kontrolliert die meiste Macht im Unternehmen. Dort laufen alle Fäden zusammen, und wer in dieser Position seine Macht geschickt zu nutzen weiß, kann ohne Frage viel erreichen. Doch auch das mittlere Management verfügt über erhebliche Möglichkeiten. Gerade Manager auf den mittleren Ebenen schultern den größten Teil der operativen Verantwortung. Das weiß auch die oberste Führung und darum wird auf diesen Ebenen ein erheblicher Teil der Ressourcen mit allen dazugehörigen Möglichkeiten allokiert. Das ist schön für den Amtsinhaber, es ist aber auch erforderlich. Denn ein Manager mit operativer Verantwortung und ohne entsprechende Befugnisse wird seinen Aufgaben kaum gerecht werden. Ressourcen und Entscheidungsbefugnisse müssen den Erwartungen an die Leistung in Umfang und Tiefe entsprechen.

Diese Macht erfolgreich einzusetzen ist im Wesentlichen von der eigenen Position abhängig, von Ihrer Glaubwürdigkeit, von den Motiven, Glaubenssätzen und Einstellungen der anderen und von den sozialen Kompetenzen im zwischenmenschlichen Bereich.

Ihre Glaubwürdigkeit als Führungskraft bestimmt sich über zwei Faktoren: Da ist zum einen die Überzeugung von der eigenen Stärke – wie gut sind Sie als Chef legitimiert? Und zum Zweiten ist die tatsächliche Stärke der eigenen Machtposition entscheidend. Wie wichtig sind den Mitarbeitern die Belohnungen oder wie sehr fürchten sie Ihre Sanktionen? Brauchen Ihre Mitarbeiter tatsächlich Ihre Informationen und Ihre Unterstützung?

Viele Menschen sind beim Gebrauch ihrer Macht übervorsichtig, weil sie sich der Risiken zu sehr bewusst sind, und treten dann zögerlich auf. Macht verringert sich oder verschwindet sogar ganz, wenn Sie von ihr keinen Gebrauch machen. Sanktionen sind wertlos, wenn sie nur formuliert, aber nicht angewendet werden. Gleichermaßen sollten Sie nicht mit Sanktionen drohen, die Sie nicht durchsetzen können. Wenn ich für den Fall des wiederholten Verstoßes gegen eine Regel eine Abmahnung ankündige, muss ich auch in der Lage sein, diese durchzusetzen. Wenn Sie eine Belohnung oder gar eine Beförderung für den Erfolgsfall versprechen, müssen Sie natürlich liefern. Glaubwürdigkeit hängt von der Konsistenz und Konsequenz im Handeln ab, also von Ihrer Berechenbarkeit und Verlässlichkeit.

Berücksichtigen Sie die Werte, Einstellungen und Motive anderer, wenn Sie als Chef Macht ausüben wollen. Es hilft Ihnen, wenn Sie die Bedürfnisse Ihrer Mitarbeiter kennen. John Stacey Adams formulierte die Equity-Theorie. Dieser Ansatz beschreibt, dass Menschen sich am ehesten führen lassen und engagiert arbeiten, wenn sie das Verhältnis von Input (zum Beispiel Arbeitsleistung und Engagement) und Output (beispielsweise Bezahlung und Arbeitsbedingungen) als ausgewogen erleben. Auf das Geld bezogen gibt es im Englischen die schöne Redewendung: »If you pay peanuts, you get monkeys.« Wenn Mitarbeiter ein Missverhältnis von Input und Output wahrnehmen, werden sie weniger engagiert und motiviert arbeiten. Gleichermaßen erwarten sie eine faire Verteilung der Output-Komponenten zwischen den Mitarbeitern. Ein Mangel an Ausgewogenheit veranlasst Betroffene zu Anstrengungen, um das Verhältnis wieder ausgeglichen zu gestalten. Natürlich wird das empfundene Maß an Input oder Output immer von individuellen Maßstäben geleitet sein.

Als Input wird all das bezeichnet, was der Mitarbeiter zum Austausch beiträgt – also Arbeitszeit und Arbeitseinsatz, Kompetenz und Wissen oder Loyalität und Flexibilität. Eine ausreichende Menge an Input berechtigt den Mitarbeiter zum Empfang von Belohnungen. Output sind die positiven und negativen Konsequenzen, die der Einzelne als Ergebnis seines Inputs wahrnimmt. Das kann beispielsweise Beschäftigungssicherheit sein oder die Bezahlung, das ist die Reputation, die der Job bringt, oder das Maß an Verantwortung, Lob und Beförderung.

Die Equity-Theorie stellt fest, dass Individuen danach streben, ihre Ergebnisse (Output) zu maximieren. Gruppen tun das häufig, indem sie Einsatz und Belohnungen untereinander aufteilen. Diese Annahmen beruhen auch auf dem Konzept des sozialen Vergleichs, wonach Menschen das Bestreben haben, ähnlich oder gleich wie diejenigen Personen behandelt zu werden, die ich als vergleichbar empfinde, beispielsweise in Kompetenz, Erfahrung oder Ausbildung.

Wenn Sie Ihre Macht geschickt einsetzen wollen, sorgen Sie als Chef also für die faire Behandlung Ihrer Mitarbeiter. Versuchen Sie zu verstehen, welche Elemente von Output für Ihre Mitarbeiter besonders wichtig sind, und setzen Sie Ihre Schwerpunkte entsprechend. Spüren Sie wahrgenommene Ungerechtigkeiten auf und beseitigen Sie diese – oder erklären Sie Ihren Mitarbeitern, warum die entsprechenden Unterschiede gerechtfertigt sind.

Eine gelungene Demonstration von Macht unterstützt Ihre Glaubwürdigkeit. Die Ausübung positiver Macht ist in der Regel wirkungsvoller als eine Bestrafung. Wenn Sie jemanden bestrafen müssen, dann deswegen, weil er gegen Ihre Anordnung (oder eine Regel, die sie zu vertreten haben) verstoßen hat. Schon die bloße Tatsache, dass man gegen Ihre Regeln verstoßen kann, untergräbt die grundsätzliche Wahrnehmung von Autorität. Belohnung als Zeichen an einen Mitarbeiter, der die von Ihnen gesetzten Regeln beachtet hat, ist ein deutlich wirkungsvolleres Instrument, um Ihre Macht zu demonstrieren. Denn offensichtlich haben die Beteiligten sich alle streng an Ihre Regeln gehalten. Das untermauert Ihre Macht.

IHRE MACHT ALS CHEF

Wenn Sie eine Belohnung in Aussicht stellen – können Sie Ihre Zusage einlösen?

Wenn Sie eine Drohung aussprechen – wird der andere sich beugen?

Und wenn nicht – sind Sie zu einer Sanktion fähig?

Wie sehen Dritte Ihren Machtanspruch – als legitim oder als Anmaßung?

Um als Führungskraft machtvoll aufzutreten, sollten Sie über wichtige Informationen, Pläne für das weitere Vorgehen und Ideen zur weiteren Arbeit verfügen. Achten Sie auf ein lockeres, aber gespanntes Auftreten. Sitzen Sie gerade und nehmen Sie auf dem Tisch Ihr Territorium durch Gesten in Besitz. Sprechen Sie langsam und betont. Machen Sie keine detaillierten Notizen, halten Sie nur einige wenige wichtige Punkte fest. Um den Rest kümmern sich andere, zum Beispiel der Protokollführer.

Menschen mit Macht sind in stärkerem Maße Empfänger als Sender von Informationen. Ihre Meinung ist gefragt, sie werden um Rat und Anweisungen gebeten, und Entscheidungen werden erst auf Ihr Nicken hin endgültig. Fassen Sie im Zweifel den Stand der Diskussion zusammen und verkünden Sie eine Entscheidung. Autorität gewinnen Sie, wenn Sie Aktionen initiieren und die Vorgehensweise bestimmen. Seien Sie darauf vorbereitet, einen solchen fundierten Vorschlag zu machen. Wenn es bereits weitgehend vollständige Vorschläge von anderen gibt, prüfen Sie diese genau.

Ferdinand Piëch hat die deutsche Autoindustrie der Gegenwart und vor allem den Volkswagen-Konzern geprägt wie kein Zweiter. Von ihm wird berichtet, dass er beständig höchste Ansprüche an sich als Person und an seine Leistungen gestellt und erfüllt hat. Dieselben Anforderungen stellte er auch an andere. Von ihm gibt es viele Anekdoten. So auch die Geschichte, in der er dem amerikanischen Autoveteranen Bob Lutz von GM erklärt, wie man die von Lutz so bewunderten präzise gestanzten Blechteile und sauber gearbeitete Karosserie herstellen könne. »›Wollen Sie das auch schaffen?‹, fragte Piëch. ›Dann hören Sie zu: Ich habe die Verantwortlichen in mein Büro gerufen und ihnen gesagt, dass die Spaltmaße aller Karosserien in einem halben Jahr maximal vier Millimeter betragen dürfen. Wenn Ihr das nicht schafft, könnt Ihr gehen.‹ Als der GM-Manager bezweifelte, dass er so hart vorgehen könne, fällte Ferdinand Piëch ein schnelles Urteil: ›Sie wollen das nicht? Dann wollen Sie auch keine besseren Spaltmaße. Sie wünschen nur, Sie hätten welche‹«. Sicher eine eindrucksvolle Demonstration von Macht. Gleichwohl gibt der Erfolg dem Recht, der ihn erringt. Und Erfolge hatte Ferdinand Piëch mit dieser Methode ohne Zweifel.

Zielvereinbarungen und Mitarbeitergespräche

Im Alltagsleben wird dieses Vorgehen als Führen mit Zielen bezeichnet. Es handelt sich dabei keineswegs um die sinnlose Anwendung von Macht, vielmehr ist es eine klare Formulierung von Zielen. Denn: Nur wer anderen etwas zutraut, kann erwarten, nicht enttäuscht zu werden. Mitarbeiter haben ein Recht darauf, zu wissen, wie ihr Vorgesetzter sie sieht und was er von ihnen erwartet. Mitarbeitergespräche sind wesentliche gestaltende Elemente der Zusammenarbeit zwischen Mitarbeitern und Führungskräften. Das persönliche Gespräch über Leistungsziele, Leistungsergebnisse und die individuelle Arbeits- und Entwicklungssituation des Mitarbeiters beeinflusst entscheidend den Erfolg und die Zusammenarbeit. Gute Mitarbeitergespräche sind offene, ehrliche und konstruktive Aussprachen über Zusammenarbeit, Verhalten und Leistung. Sie dienen der verbesserten Kommunikation zwischen Führungskraft und Mitarbeiter und leisten damit einen wichtigen Beitrag zur Förderung der Unternehmenskultur. Besonders wichtig ist die Förderung der Mitarbeiter durch Vorgesetzte und damit die Personalentwicklung. Insgesamt soll natürlich immer eine Verbesserung der Leistung erzielt werden.

Gespräche zwischen Führungskraft und Mitarbeiter sichern den geordneten Austausch über das Leistungsvermögen, die Qualität der Zusammenarbeit und über Möglichkeiten zur Verbesserung. Mitarbeiter können ihre Vorstellungen zur weiteren Entwicklung vorbringen und erfahren gezielte Unterstützung. Ziele geben Orientierung. Erst wenn Klarheit über das Ziel besteht, kann man sich für den besten Weg entscheiden. Nur dann lassen sich Fortschritte erreichen. Für Mitarbeiter gewährleisten Ziele Transparenz und Fairness in der Bewertung der Arbeitsleistung. Mitarbeitergespräche geben dem Arbeitsprozess Stabilität und sichern die erfolgreiche Zusammenarbeit.

Zielvereinbarungen haben die Aufgabe, Prioritäten in der aktuellen Arbeit zu setzen und Ziele zu definieren (was erreicht werden soll und wie). Mit dem Mitarbeiter sollen alle Möglichkeiten geschaffen werden, diese Schwerpunkte erfolgreich zu bearbeiten. Ziele für Mitarbeiter werden auf der Basis der Gesamtziele des Unternehmens und der Ziele der Organisationseinheit gesetzt und wenn möglich vereinbart. Regelmäßig sollte darüber gesprochen werden, wie weit das Eignungsprofil des Mitarbeiters und das Anforderungsprofil einer Stelle übereinstimmen.

Zur Vorbereitung von Mitarbeitergesprächen ist es sinnvoll, Anforderungsprofile und Stellenbeschreibungen, frühere Zielvereinbarungen, beispielhafte Ergebnisse aus der Arbeit des vergangenen Jahres und Unterlagen zu den Gesamtzielen der Arbeitseinheiten und des Unternehmens heranzuziehen. Interne und externe Rahmenbedingungen der Arbeit sowie zu erwartende Entwicklungen sind in die Überlegungen einzubeziehen.

Gute Ziele sind realistisch, das heißt, sie sind für den Mitarbeiter erfüllbar, dürfen aber durchaus herausfordernd sein. Sie sind messbar und dementsprechend sind Kriterien für Qualität, Zeit und Kosten eindeutig formuliert. Gute Ziele sind sinnvoll und damit wichtig für das Unternehmen und die Arbeitseinheit. Ziele sollten abgestimmt sein, Konflikte mit anderen Zielen sind zu klären. Motivierend sind Ziele dann, wenn der Mitarbeiter sie auch wirklich beeinflussen kann. Erforderliche Materialien und die Hilfe anderer als wichtige Unterstützung bei der Zielerreichung sind verfügbar. Grundsätzlich gilt: Je konkreter Sie die Auswirkungen bedenken, desto besser können Sie entscheiden, ob ein Ziel wichtig und realistisch ist.

Gute Führungskräfte geben ihren Mitarbeitern bereits im Prozess und natürlich im Gespräch zur Zielerreichung klares und differenziertes Feedback, wie sie ihre bisherigen Leistungen sehen. Gutes Feedback orientiert sich an Verhalten und Ergebnissen, es ist direkt und konzentriert sich auf die Verbesserung. Es ist aber auch klar und ehrlich und damit von dem Mut getragen, auch unerfreuliche Sachverhalte beim Namen zu nennen und Abhilfe deutlich zu verlangen.

Ziele beziehen sich meistens auf Kategorien wie Steigerung der Effizienz, der Qualität oder auf die Kostensenkung bei konkreten Projekten. Typische Beispiele für Ziele sind Verbesserungen der Zusammenarbeit mit Kollegen, der fachlichen Bearbeitung eines Themas, die Optimierung des Service-/Verkaufsverhaltens, Steigerung von Marktanteilen oder Verbesserungen in der Qualität.

Ergebnisse von Zielvereinbarungen werden üblicherweise schriftlich festgehalten. Das ist auch sinnvoll, damit während des Prozesses eine gemeinsame Vorstellung der Vereinbarungen zugrunde liegt. Vorgesetzte Führungsebenen müssen natürlich in Zielvereinbarungen eingebunden werden.

Beurteilungen schlagen einen weiteren Bogen. Beurteilungen der Leistungen von Mitarbeitern sollen die umfassende Würdigung möglichst vieler Informationen zur Leistung und zum Verhalten des Mitarbeiters liefern und damit ein möglichst vollständiges Bild seiner Leistungen und Fähigkeiten vermitteln. Sinnvolle Beurteilungen sind natürlich nur möglich, wenn klare Abstimmungen zu den Erwartungen zugrunde liegen, Stellenbeschreibungen oder Anforderungsprofile. Beobachtungen des Arbeitsverhaltens sollten natürlich auf mehreren einzelnen Beobachtungen und Bewertungen fußen, alles andere wäre Willkür oder fahrlässiges Vorurteil. Abstimmungs- und Rückmeldegespräche innerhalb des Beobachtungszeitraums sind nur fair, sie ermöglichen sofortige Verbesserungen. Gute Beurteilungen sind Zusammenfassungen der gesamten bewerteten Leistungen im Beurteilungszeitraum.

Kehren wir am Ende zu den Automanagern aus unserem Eingangsbeispiel mit den Spaltmaßen zurück: Auch hier hatten wir es mit klaren Zielen zu tun und die Angesprochenen verfügten aufgrund ihrer Position ohne jeden Zweifel über die Mittel, diese Ziele auch tatsächlich zu erreichen. Die Geschichte lehrt uns zudem, dass die Formulierung klarer Ziele erfolgreich war, denn Volkswagen erreichte diese Spaltmaße innerhalb der gesetzten Frist!

7 MACHT UND REGELN

Von Spielregeln bis Bürokratie

Sinn und Unsinn von Regeln

In der Olympiastadt Salt Lake City in Utah ist es verboten, mit einer in einer Papiertüte verstauten Violine auf die Straße zu gehen. Jeder, der in der Bibliothek der britischen Stadt Widnes in Cheshire einschläft, muss zur Strafe 5 Pfund entrichten. In Großbritannien ist es verboten, eine Briefmarke, die den König oder die Königin zeigt, kopfüber aufzukleben. In Pensacola/Florida ist es strafbar, weniger als 10 Dollar bei sich zu führen.

Gesetze, Normen und Regeln schaffen und stützen das Funktionieren unserer Gesellschaft im Alltag. Auch in Unternehmen erleichtern solche Spielregeln die Zusammenarbeit. Doch Ordnung bedeutet auch immer Macht. Wer die Regeln formuliert und wer ihre Einhaltung verantwortet, bestimmt auch über das Verhalten der anderen. Im täglichen Leben haben wir uns angewöhnt, Gesetze und Regeln einzuhalten, die guten und die schlechten, die sinnvollen und die sinnlosen.

Wenn wir die Regeln nicht beachten, wird unser Verhalten meist sanktioniert – durch Strafen, durch Kritik oder durch Missbilligung der Kollegen. Wenn wir uns an die Regeln halten, bekommen wir dafür Belohnungen oder Strafen werden vermieden, die Kollegen akzeptieren uns besser. Der Vorgesetzte sorgt für die Einhaltung der Arbeitszeit, die Personalabteilung kontrolliert diese ebenso und auch der Betriebsrat. Alle haben damit Macht und üben diese auch entsprechend aus. Der Chef sanktioniert den Mitarbeiter bei Verstößen, die Personalabteilung weist den Chef auf seine Nachlässigkeit hin, und der Betriebsrat protestiert, wenn die zehn Stunden maximale Arbeitszeit überschritten werden.

Psychologisch betrachtet haben wir es hier mit einfachem Lernen anhand von Belohnung und Bestrafung zu tun. Regeln missachte ich meist nur dann, wenn die erwartete Belohnung die Folgen der Sanktion deutlich überwiegt. Oder wenn ich überzeugt davon bin, dass ich beim Verstoß nicht ertappt werde.

Die im Unternehmen gültigen Spielregeln zu kennen und zu beachten, ist eine der wichtigsten Voraussetzungen für den beruflichen Aufstieg. Die Missachtung der innerbetrieblichen Spielregeln wird immer wieder als einer der größten Karrierekiller genannt. Wann darf man den Arbeitsplatz verlassen? Was trägt man zur Arbeit? Mit wem geht man in die Kantine? Duzen oder siezen wir uns?

Formelle und informelle Regeln gelten in jeder Gruppe. Sie steuern das Verhalten der Mitglieder. Es gibt eine Vielzahl von offiziellen Regelungen – von der Betriebsordnung bis zur Vereinssatzung – und viele ungeschriebene Regeln. Macht hat, wer diese Regeln bestimmt und ihre Beachtung belohnen oder Verstöße bestrafen kann.

Die Sozialwissenschaften definieren »Gruppen« als drei oder mehr Personen, die dauerhaft miteinander interagieren. Gruppen weisen eine innere Struktur auf, sie grenzen sich nach außen ab. Gruppenstrukturen werden durch

Normen und Regeln geschaffen. Normen und Regeln erleichtern das Zusammenleben in der Gruppe und die Zusammenarbeit. Es gibt Konsequenzen, die die Einhaltung der Normen belohnen und einen Verstoß bestrafen. Übliche und hilfreiche Normen in Gruppen sind Fairness, Gegenseitigkeit, Rücksichtnahme, die Erfüllung der Rollenerwartungen, durch Vernunft geprägtes Verhalten und Regelungen, die im Konfliktfall zur Anwendung kommen.

Zu enge Regeln und die zu strikte Einhaltung führen leicht zu Gruppendruck, der über das Gefühl der positiven Identifikation hinausführt. Negative Erscheinungen sind zudem erzwungener Konsens und unsinnige Regeln sowie übermäßige Sanktionen bei Verstößen.

Je größer die Gruppe, desto größer ist die Tendenz des Individuums, sich anzupassen; wenn das konforme Verhalten verstärkt wird, steigt die Tendenz, sich auch zukünftig so zu verhalten. Individuen mit hohem Selbstwertgefühl sind weniger empfänglich für diese Einflüsse.

MACHT UND REGELN

Normen, Regeln und Werte ordnen und vereinfachen unser Zusammenleben.

Sie schaffen Sicherheit für richtiges Verhalten, schränken aber auch ein.

Verstöße werden meistens von der Gemeinschaft geahndet.

Macht hat, wer die Spielregeln definiert.

Normen, Regeln und Werte werden häufig ungeprüft übernommen.

Überlegen Sie:
- Welchen Sinn haben Regeln?
- Wer profitiert davon?

> - Können Sie geltende Regeln ignorieren oder ändern?
> - Lohnt sich der Preis dafür?
> - Wenn ja – was ist der beste Weg, eine Änderung zu erreichen?

In ihrem Spiegel-Artikel mit dem Titel »Die Ritter der Drachenburg« beschreibt Ulrike Demmer einen langwierigen bürokratischen Prozess zur Verbesserung der Sicherheit unserer Soldaten in Afghanistan. Es geht um den Einbau eines Fernmeldegeräts in geschützte Fahrzeuge, damit Funkkontakte während der Fahrt möglich sind. Der Prozess beginnt mit einem schriftlichen Antrag am 16. Januar. Beteiligt werden die Elektronische Kampfführung, der Referatsleiter Unterstützung/Einsatz im Einsatzführungsstab, der Führungsstab der Streitkräfte, der Führungsstab des Heeres, der Bevollmächtigte des Hauptabteilungsleiters Rüstung beim Einsatzführungsstab, das Streitkräfteunterstützungskommando, die Zentrale Militärkraftfahrtstelle, das Logistikamt der Bundeswehr und die Rechtsabteilung des Ministeriums sowie die Wehrtechnische Dienststelle 91, Geschäftsfeld Ergonomie. »Am 27. Mai stellt auch der Führungsstab der Streitkräfte fest, ein solches Provisorium werde ›seitens FÜ S IV 4 nicht mitgetragen‹. Aus hiesiger Sicht verbiete sich durch die ›aufgezeigte Gefahr für Leib und Leben‹ eine Zulassung nach der Straßenverkehrs-Zulassungs-Ordnung und der Fahrzeuge-Zulassungsverordnung. Die Verantwortung will keiner übernehmen. Am 9. Juni schließlich, fünf Monate später, trifft der Leiter des Einsatzführungsstabs eine einsame Entscheidung. Er ordnet an, dass die Soldaten in Afghanistan ihr Fernmeldegerät provisorisch einbauen dürfen. Ohne Ausnahmegenehmigung«.

Diese und ähnliche Geschichten kennt jeder von uns, wenngleich hoffentlich nicht immer aus Situationen mit ähnlich lebensbedrohlichen Begleitumständen. Prozesse sind rigide, Abweichungen werden nicht geduldet oder zumindest mit erheblichem Widerstand bekämpft. Je größer das Unternehmen, desto mehr Abteilungen sind zu beteiligen, und je mehr Beteiligte, desto länger kann sich die Sache hinziehen. Das Ergebnis ist meist nur der kleinstmögliche Nenner. Die Hüter dieser Prozesse sind stur und mächtig.

Bürokratie ist nichts spezifisch Deutsches. Wenn es Sie tröstet, bei uns funktioniert Bürokratie oft sogar vergleichsweise schnell und problemlos. Hans-Jürgen Schlamp berichtet für Spiegel Online von seinen Erfahrungen mit der italienischen Bürokratie: Da er in Italien ein Haus gekauft hat, muss er sich zur Müllgebühr anmelden. Von der Müllverwaltung im Rathaus führt ihn sein Weg zur Equitalia, einer Agentur, die ausgelagerte Arbeiten für viele italienische Kommunen übernimmt. Von dort geht es zurück ins Rathaus, zunächst in ein Büro im Erdgeschoss links, dann zur Stadtkasse … Hans-Jürgen Schlamp resümiert: »Der Ausgang der kleinen Bürokraten-Posse ist noch offen. Weitere Erkundungen sind nötig. Das kann dauern.«

Bürokratie ist keineswegs ein Spezifikum der öffentlichen Verwaltung. Jedes Unternehmen hat eine Verwaltung. Sie ist für all die Aktivitäten zuständig, die zur Lieferung eines Produktes oder einer Dienstleistung nötig sind, ebenso zur Führung aller Unterlagen. Dazu gehören beispielsweise die Personalabteilung, Controlling, Rechnungswesen, der Vorstandsstab und viele andere. Wenn Sie mit einem großen Unternehmen kommunizieren oder in einem großen Unternehmen arbeiten, treffen Sie häufig auf die gleichen Probleme wie in der öffentlichen Verwaltung.

Vor etwa 150 Jahren waren große Organisationen oder Unternehmen von wenigen Ausnahmen abgesehen schlichtweg unbekannt. Einfache Unternehmen konnten natürlich mit einer einfachen Struktur arbeiten. Mit wachsender wirtschaftlicher Dynamik und den wachsenden technischen Möglichkeiten wuchs der Bedarf an komplexeren Strukturen. Die beste Antwort darauf war eine klar organisierte Bürokratie. Bürokratie bedeutet eine – durchaus positiv gemeinte – »Herrschaft der Verwaltung«, das heißt die organisierte Abwicklung von (Verwaltungs-)Tätigkeiten mit eindeutigen Verantwortlichkeiten nach klaren Regeln in einer festen Hierarchie. Regeln und Standards sicherten und sichern das geordnete Vorgehen und verlässliche Prozesse. Verteilte Aufgaben und eindeutig definierte Kompetenzen ermöglichen die Bearbeitung auch komplexer Sachverhalte. Jeder weiß, was er zu tun hat und was er tun darf. Beaufsichtigt wird das Ganze von Vorgesetzten, die in einer eindeutigen Hierarchie über entsprechende Befugnisse verfügen. Die Macht in dieser Form der Organisation speist sich aus der Akzeptanz der Legitimität der Regeln und der Verlässlichkeit ihrer Anwendung. Die grundlegenden Annahmen dazu stammen von Max Weber aus seinem Hauptwerk *Wirtschaft und Gesellschaft. Grundriß der verstehenden Soziologie.*

Schlüsselpositionen im Unternehmen

In jedem Unternehmen finden sich analog zum bürokratischen Prinzip klar definierte Entscheidungswege und Prozesse, Zuständigkeiten und Verantwortlichkeiten. Und an diese ist die Macht jedes Stelleninhabers gekoppelt. Seine Möglichkeit, Entscheidungen zu treffen, Erlaubnisse zu erteilen oder Sanktionen auszusprechen, kann das Objekt dieses Prozesses unterstützen oder behindern.

Negative Wirkungen dieser Prozesse entstehen immer dann, wenn die Inhaber der entscheidenden Positionen nur nach formalen Kriterien agieren, wenn ihnen die nötige Nähe zum operativen Geschehen fehlt oder wenn sie Regeln um der Regeln willen und nicht ergebnisorientiert anwenden. Und natürlich immer dann, wenn die Macht um der Macht willen ausgeübt wird und nicht auf das Erreichen des gemeinsamen Ziels gerichtet ist.

Schwierig wird der Prozess auch dann, wenn eine Bürokratie zu groß und damit zu komplex wird. Zu viele Hierarchieniveaus, die Beteiligung zu vieler Personen oder Positionen an der Entscheidung, die Existenz mehrerer parallel zuständiger Einheiten – all das verhindert oder verlangsamt Entscheidungen. In großen Organisationen finden sich diese bürokratischen Auswüchse naturgemäß häufiger als in kleineren. Wenn die Komplexität zu groß oder das Tempo der Entscheidungen zu gering wird, rufen Unternehmen Unternehmensberater, die dann mit unterschiedlichen Werkzeugen eine Re-Organisation der Prozesse vornehmen.

Macht in bürokratischen Organisationen und Prozessen erreichen Sie immer dann, wenn es Ihnen gelingt, Schlüsselrollen einzunehmen. Finden Sie heraus, an welchen Stellen die für den Erfolg wesentlichen Entscheidungen unterstützt oder behindert werden können. Wenn Sie Macht ausüben wollen, sollte Ihr Ziel eine solche Flaschenhalsposition sein. Die Macht selber kann in der Genehmigung oder Verhinderung beantragter Entscheidungen liegen oder auch in der Kontrolle und Freigabe oder Verweigerung benötigter Ressourcen.

Politische Prozesse in Organisationen bringen häufig Fraktionen hervor, die unterschiedlicher Meinung über die zu erreichenden Ziele oder über den Weg zum Ziel sind. Diese Gruppen unterscheiden sich in der Bewertung verschiedener Alternativen, sie haben unterschiedliche Interessen und Werte. Diese Meinungsverschiedenheiten und daraus entstehende Konflikte gehören zum täglichen Geschäft. Darum braucht es Macht und Einfluss, um Entscheidungen herbeizuführen.

Neben der Ihnen mit Ihrem Amt verliehenen formalen Autorität und den dazugehörigen Befugnissen entsteht

Macht aus der Verfügungsgewalt über Ressourcen. Die wichtigsten Ressourcen in einem Unternehmen sind in der Regel Menschen und Geld, je nach Firma auch bestimmte nur eingeschränkt zugängliche Geräte oder Materialien. Eine solche Ressource kann auch aus Information bestehen, die Sie anderen rechtzeitig und vollständig oder eben nur dosiert zur Verfügung stellen. Personen, die Schlüsselpositionen innehaben, zum Beispiel durch die Kontrolle einer zentral wichtigen Technologie, können durch die Beschleunigung oder Verzögerung von Prozessen Macht ausüben. Wenn Sie Entscheidungsprozesse steuern können, können Sie zu einem Teil auch die Entscheidung selber beeinflussen. Das gelingt umso stärker, je mehr die Entscheidung Ermessenssache ist.

BÜROKRATISCHE MACHTAUSÜBUNG

- Verzögerung – Entscheidungen können länger dauern als geplant
- Komplikationen – Entscheidungen können mehr Abteilungen oder Personen betreffen als gedacht
- Regelungen – zusätzliche Regelungen, an die bisher niemand gedacht hatte, sind zu beachten
- Widerstand – ein Vorhaben wird nur scheinbar akzeptiert. Unter der Oberfläche wird weiter gemauert wie bisher
- Budgetkontrolle – damit werden die zugewiesenen Mittel kontrolliert
- Zuständigkeit – nach Prüfung stellt sich heraus, dass jemand anders zuständig ist
- Expertise – hier sind noch andere zu fragen
- Informationen – wichtige Informationen fehlen noch oder werden absichtlich zurückgehalten

8 MACHT UND MENGE

Von Teams bis Vroniplag

Die Macht der Vielen

Am 20. Januar 2008 geschah es auf dem Odeonsplatz in München. Etwa 700 Menschen versammelten sich und gingen gemeinsam in die Filiale von McDonald's am Stachus. Dort bestellten sie beinahe 4500 Hamburger und Cheeseburger. Ähnliches passierte auch an anderen Orten: Am 4. April 2009 trafen sich mehrere tausend Jugendliche um 16:00 Uhr zu einer Kissenschlacht vor dem Kölner Dom. Massenhysterie? Ein bisher unentdeckter Virus? Weit gefehlt. Ein Flashmob.

Das Oxford Dictionary liefert uns die Definition für einen »Flashmob«: »a public gathering of complete strangers, organized via the Internet or mobile phone, who perform a pointless act and then disperse again.« Die »Zeit« beschreibt das Phänomen so: »Wildfremde Menschen verabreden sich per Internet und proben den öffentlichen Unsinn. Die Flash Mobs verschwinden genauso schnell, wie sie gekommen sind.« Sie organisieren sich über SMS oder über Mail und praktizieren gemeinsam etwas, das schnell geht und meist lustig ist: Tanzen, Singen, Theatralik. Nach einigen Minuten ist das Geschehen meist auch schon wieder vorbei, und die Menge zerstreut sich.

Moderne Medien eröffnen Möglichkeiten zu neuartiger und schneller Kommunikation. Im Zeitalter des Web 2.0 hat das Internet eine andere Dimension erreicht: Statt nur nach Informationen zu suchen, sind die Nutzer inzwischen Gestalter geworden. Instrumente wie Wikis (inhaltlich frei vom Nutzer gestaltete Seiten), Weblogs (eine Art Tagebuch), Podcasts (Audio- und Videodateien) oder soziale Netzwerke wie Facebook geben jedem die Möglichkeit, Inhalte zu erstellen, zu bearbeiten und zu verbreiten. Wir leben im Zeitalter des Schwarms – der Flashmob ist meist ein recht lustiger Schwarm. Die Vielen haben allerdings auch echte Macht.

O_2 ist ein Markenname der Téléfonica-Gruppe, ein deutscher Mobilfunkanbieter mit aktuell ungefähr 17 Prozent Marktanteil. Im Vertrieb kümmert sich O_2 intensiv um seine Kunden. Sie werden in Established Altruists, Hedonistic Starters oder Fun Loving Socializers segmentiert und in Bezug auf Werte und Lebenswelt, typisches Kundenverhalten und typisches Telko-Verhalten beschrieben (internes Dokument, Stand April 2011). Damit hat jeder Verkäufer die Möglichkeit, den Kunden gut zu verstehen und zielgerichtet zu beraten. Das unterstützt den Verkauf und damit den Erfolg. Im Service ist O_2 nicht immer gleich kundenorientiert. Matthias Bauer, ein Softwareentwickler, bekam immer wieder erhebliche Probleme mit seiner vom Unternehmen bereitgestellten Internetverbindung. Er wandte sich darum an seinen Mobilfunkanbieter, die Antwort war, anders als die Akquise, leider nur Standard: Bauer halte sich wohl in einer Region auf, in der das Netz gerade gestört sei. Und er sei ein Einzelfall. Matthias Bauer fühlte sich abgefertigt. Daraufhin gründete er eine Internetseite mit dem schönen Namen wir-sind-einzelfall.de. Nach etwa zehn Tagen hatten schon mehr als 9000 weitere Kunden des Unternehmens von ihren Einzelfallproblemen berichtet. Jetzt musste O$_2$ reagieren und informierte in der Folge deutlich besser über den voranschreitenden Netzausbau und die regional noch bestehenden Probleme.

Seit einigen Wochen demonstrieren »die 99 Prozent« – die überwältigende Mehrheit. Die Occupy-Wall-Street-Bewegung nahm ihren Anfang in New York und hat inzwischen Anhänger oder Nachahmer an allen Bankplätzen. Viele Menschen mit sehr unterschiedlichen Motiven demonstrieren vorwiegend in den USA gegen die wahrgenommene Übermacht der Banken und für ein besseres Sozialsystem – für bezahlbare Bildung, Krankenversicherung und mehr Regulierung der Auswüchse im Investment Banking. Die Demonstranten verschaffen sich gemeinsam besser Gehör, als wenn jeder Einzelne individuelle Aktionen unternähme.

Den besonderen Charme dieser Bewegung hat die Volksbanken-Gruppe sehr schnell entdeckt. Am 25. Oktober 2011 warben die Volks- und Raiffeisenbanken ganzseitig und bunt in der FAZ, der Süddeutschen, der Welt und in der taz. Auf dem Bild halten die Demonstranten ihre Plakate mit der Aufschrift: »Wir wollen direkte Demokratie vor Ort statt Zentralismus aus Berlin oder Brüssel!« in die Kamera. Die Volksbanken fügten hinzu: »Demokratisch. Regional. Sicher – seit 1843.« Ob diese Werbung im Sinne der Bewegung ist, sei dahingestellt.

Auch das Marketing ist dank der Möglichkeiten des Internets in vollkommen neue Dimensionen vorgestoßen. Einander fremde Menschen sprechen im Netz miteinander über Produkte, geben sich Empfehlungen oder raten vom Kauf ab. Konsumenten kritisieren oder loben den Service eines Unternehmens, seine Produkte und beeinflussen so den Erfolg einzelner Produkte oder von ganzen Unternehmen.

Täglich bewerten Millionen Menschen die Produkte von Unternehmen im Netz. »Was haltet ihr vom neuen Mercedes SL?«, fragt ein Nutzer und bekommt prompt eine Menge Antworten. »Gefällt mir gar nicht«, schreibt der eine, »sieht irgendwie aus wie ein Opel«, lästert ein anderer. Etwa 60 000 Kommentare über ihre Autos schreiben die Nutzer von Motor-Talk.de jeden Monat. Die Website hat mehr als 700 000 Mitglieder und ist damit das größte deutsche Internetforum für Autofreunde. Damit nehmen sie Einfluss auf die Entwicklung der Produkte – wie Millionen anderer Nutzer auf vielen anderen Webseiten. Markenikonen wie McDonald's, BP oder Nike wurden mit Vorwürfen wegen der Konsequenzen ihres Handelns (Förderung von Fettleibigkeit, Verschmutzung der Weltmeere, Nutzung von Kinderarbeit) konfrontiert und durch die digitale Menge zum Handeln gezwungen. Wer weiß, ob es ohne diesen Druck zur Invasion der Salate im Fast-Food-Imperium oder zu einer engeren Kontrolle der Sweat-Shops in Asien gekommen wäre? Klicks summieren sich global zu einer ganz anderen Macht, und die Menge organisiert sich digital schneller, als es selbst die bestorganisierte Gewerkschaft jemals vermocht hat.

Oder die Vielen starten gemeinsame Aktionen. Eine solche Idee ist das »Crowdfunding«. Ziel ist die Finanzierung eines Vorhabens, sei es einen Brunnen in Afrika zu bauen oder ein Buch zu schreiben. Das Internet bietet alle Hilfsmittel. Auf den ersten Blick ist Crowdfunding nur die Möglichkeit, eine Idee zu finanzieren. Interessanterweise entstand dabei auch ein Nebenprodukt: ein demokratischer Prozess rund um die Verteilung von finanziellen Mitteln wurde in Gang gesetzt. War es bisher immer einigen wenigen Individuen vorbehalten, Projekte zu finanzieren (private Mäzene oder Entscheider in Unternehmen und Organisationen), so ist es nun die breite Masse, die entscheidet, ob ein Projekt finanziert wird oder nicht. Und damit auch, ob es umgesetzt wird oder nicht. Der Grundgedanke ist, dass viele kleine Beträge von zahlreichen Unterstützern zusammengenommen eine große Summe ergeben. Sieht man sich erfolgreich finanzierte Projekte auf den Crowdfunding-Plattformen näher an, so wird deutlich, dass ein Einzelner als ein Teil der vielen kleinen Beiträge durchaus zum Erfolg eines Projekts beisteuern kann.

Wirklich neu ist das andererseits nicht – in der Finanzierung von Unternehmen nennt man das Ganze seit vielen Jahrhunderten »Aktien« und natürlich gibt es auch hier demokratische Prozesse wie die Hauptversammlung. Die Idee dahinter ist und bleibt gut. Mehrere Menschen können in der Regel mehr Kapital aufbringen als ein Einzelner. Diese Tatsache machten sich bereits im antiken Rom die ›societates publicanorum‹ zunutze. Sie waren mit allerlei öffentlichen Aufträgen betraut, zum Beispiel mit der Belieferung des Militärs. Jeder Bürger konnte sich mit einem Beitrag einkaufen und damit Geld verdienen. Und auch die Amsterdamer Börse im 17. Jahrhundert erlaubte es den Investoren, die Risiken ihrer Investitionen zu verteilen. Erst durch diese Verteilung auf mehrere wurden etliche Vorhaben überhaupt erst möglich. Die Niederländer beispielsweise waren die ersten, die ihren Seehandel durch Aktien der Ostindischen Kompanie finanzierten.

Eine schlimme Facette in der Macht der Vielen hat der Sommer 2011 offenbart: Die Bilder brutaler Ausschreitungen in London und anderen Städten zeigen Jugendliche in Jogginganzügen, die neben brennenden Autos posieren, Menschen, die durch eingeschlagene Fensterscheiben in Supermärkte und Elektroläden einsteigen. Es waren keineswegs nur die Opfer von Margaret Thatcher und New Labour, Arme oder anders Zu-kurz-Gekommene der britischen Gesellschaft. Nach den Berichten der britischen Presse gehörten dazu ebenso Millionärstöchter, Elfjährige, Sozialarbeiter, Jurastudenten, Immobilienmakler, Opernintendanten und – besonders schockierend – sogar ein Postbeamter. Ob wir uns der Beurteilung von Premier David Cameron anschließen, der die Vorkommnisse als Auswüchse einer »kranken Gesellschaft« brandmarkte, oder ob wir wie Konfliktforscher Wilhelm Heitmeyer, Professor für Pädagogik und Direktor des Instituts für interdisziplinäre Konflikt- und Gewaltforschung an der Universität Bielefeld, vom berechtigten Aufstand der »Opfer einer knallharten Klassengesellschaft« sprechen, dem sich einige wenige Trittbrettfahrer angeschlossen hätten, die Macht der Menge, die Wucht der Vielen wird bei solchen Ereignissen besonders deutlich.

Viele Briten solidarisierten sich im Gefolge der öffentlichen Zerstörung mit den Opfern oder trafen sich zu Putzaktionen. Ein in der Presse vielzitiertes Beispiel ist der Fall von Aaron Biber, einem 89-jährigen Friseur in Tottenham, der bereits nach der ersten Nacht der Krawalle seinen Laden vollständig verwüstet vorfand. Ihm fehlte das Geld, um sein Geschäft wiederherzurichten. Auf dem Blog »Keep Aaron Cutting« wurde um Spenden gebeten – bereits am ersten Wochenende gelang es, dadurch 35 000 Britische Pfund zusammenzutragen.

Nun funktioniert nicht jeder Aufruf derart gut, nicht einmal jeder Aufruf auf Twitter oder Facebook. In seinem Buch »The Tipping Point: How Little Things Can Make a Big Difference« beschreibt Malcolm Gladwell die Erfolgsfaktoren solcher Veränderungen und speziell der Gruppeneffekte. Er stützt sich analog dem Pareto-Prinzip auf die Tatsache, dass in den meisten Kontexten 80 Prozent der Leistung von 20 Prozent der Beteiligten erbracht wird. Auf diesem Prinzip baut er sein Gesetz der wenigen entscheidenden Mitglieder einer Gruppe auf (»Law of the Few«). Er unterscheidet drei Typen von Menschen: Die Verbinder (»Connectors«), die geschickt im Knüpfen von Bekanntschaften sind. Sie haben große soziale Netzwerke, kennen also viele Menschen und verbinden diese gerade auch über natürliche Schranken wie Beruf, sozialen Status oder Nationalität hinweg. Dann nennt er den Typ des »Maven«, Menschen, die über viele Informationen verfügen und diese ständig mit anderen teilen. Dazu verfügen diese »Maven« über eine soziale Ader, die sie immer wieder dazu treibt, anderen zu helfen. Der dritte Typ, die Verkäufer (»Salesmen«), haben ein Talent, andere Menschen durch ihr Verhalten noch mehr als durch ihre Botschaften zu überzeugen – schauen Sie dazu gerne in das Kapitel »Macht und Charisma«.

Diese Typen sind nun besonders geeignet, sich in den Mittelpunkt von Gruppenaktivitäten zu stellen. Damit gelingt es ihnen häufig, die in einer Gruppe vorhandenen Verhaltenstendenzen über eine gewisse Schwelle hinweg zu befeuern. Dadurch werden aus Absichten Handlungen, zusätzlich unterstützt durch förderliche Aspekte der Umwelt und die besondere Qualität der Botschaft (»stickiness« und »the power of context«). Die Kombination dieser Faktoren führt dann zur Aktion der Gruppe. Gladwell nennt das »tipping point«, vielleicht gut mit dem Begriff »Kipppunkt« zu übersetzen. Oder wir sprechen von dem Tropfen, der das Fass zum Überlaufen bringt. Ihre Möglichkeiten und ihr Handeln verleihen ihnen echte Macht.

Neue Medien liefern
- neue Möglichkeiten zur Kommunikation
- neue Organisationsformen
- und damit neue Dimensionen des Handelns.

Der Einfluss der Menge auf Unternehmen und Politik wächst dynamisch

... und wird deutlich schneller.

Im Internet kann jeder virtuelle Gruppen mobilisieren.

Wie Systeme funktionieren

Wir kennen dieses Phänomen aus dem Kontext der Systemtheorie und der Chaosforschung. Die Systemtheorie kann uns helfen, ein besseres Bild unseres Umfelds zu schaffen, da die Wahrnehmung unserer Realität als System sich der Wirklichkeit stärker annähert und uns bessere Handlungsansätze erkennen lässt: Einzelne Elemente in unserer Umwelt existieren demnach nie für sich alleine und lassen sich auch nicht allein aus sich oder aus der Kenntnis der einzelnen Elemente heraus begreifen. Schon Wasser ist mehr als die Atome von Sauerstoff und Wasserstoff. Sobald sie zusammenwirken, entsteht eine neue Qualität. Ein Mensch verhält sich unterschiedlich, je nachdem, mit welchen Menschen er zusammentrifft, sein Verhalten wird zudem beispielsweise vom Kulturkreis und vom Gesellschaftssystem geprägt.

Das Ganze ist mehr als die Summe seiner Teile: Systeme sind Einheiten aus Elementen, die auf der Ebene dieses Systems über mehr und andere Eigenschaften verfügen als die bloße Summe der einzelnen Elemente hätte. Die Eigenschaften des Systems lassen sich dementsprechend nicht aus der Kenntnis der einzelnen Elemente ableiten. Es kommt zu Wechselwirkungen. Bereits die Veränderung eines einzelnen Elements kann wenig vorhersehbare Auswirkungen auf das System haben. Systeme lassen sich wegen der grundsätzlich hohen Komplexität nie vollständig verstehen und damit auch nicht verlässlich steuern. Alle Zusammenhänge lassen sich nie erkennen, die Komplexität von Systemen ist zu groß. Allerdings ist es oft schon ausreichend, nach wesentlichen Variablen und Wechselwirkungen Ausschau zu halten.

Systeme können sehr empfindlich auf Störungen reagieren und dadurch schnell in einen chaotischen Zustand übergehen. Damit beschreibt man Zustände, die sich nicht verlässlich vorhersagen und somit kaum steuern lassen. Eine langfristige Vorhersage der Entwicklungen ist nicht möglich. Beispiele für solche Systeme sind das Wetter, Wirtschaftskreisläufe oder eben auch das Verhalten von Gruppen. Gerade für das Verhalten von Gruppen sind Informationen und Nachrichten entscheidende Determinanten. In der Kommunikationswissenschaft wird beispielsweise die Chaosforschung verwendet, um die Auswahl, die Gestaltung und Ausbreitung von Nachrichten besser zu erklären.

In diesem wissenschaftlichen Kontext ist auch die Idee der Gruppen- oder Schwarmintelligenz angesiedelt. Gemeinsames Überlegen und Handeln vieler Einzelner kann in der Kombination zu intelligentem und in der Leistung überlegenem Handeln der Gruppe führen. Bei aller Begeisterung für dieses Thema dürfen wir allerdings nicht aus den Augen verlieren, dass keineswegs jedes Gruppenhandeln intelligenter oder besser sein muss als die Entscheidung oder das Tun Einzelner. Die potenziell größere Leistungsfähigkeit einer im Handeln koordinierten Gruppe bleibt dabei unbestritten.

Vielleicht hätte die sorgfältigere Beachtung der Möglichkeiten eines intelligent handelnden Systems und der sich daraus ergebenden möglichen Folgen von Beginn an zu einem anderen Verhalten der Politik in den von Vroniplag entdeckten Promotionsaffären geführt. Auch hier erkennen wir wieder die Wucht und die Leistungsfähigkeit der Menge. Was einzelne, sehr erfahrene und in der Fachwelt äußerst renommierte Gutachter im Fall der mehr als zweifelhaften Dissertation der Margarita Mathiopoulos nicht vermochten – nämlich die Verhinderung der Ernennung zur Honorarprofessorin in Braunschweig (man munkelte von nützlichen Spenden der NORD/LB anlässlich des anstehenden Hochschuljubiläums, die frischgebackene Professorin war zu der Zeit Sprecherin des Instituts), das vermochte die hinter Vroniplag versammelte Menge und die dann schnell eintretende Öffentlichkeit. Sogar so systemrelevante Menschen wie den früheren Verteidigungsminister konnten auch die Interventionen der Kanzlerin und der BILD-Zeitung nicht vor dem mehr als überfälligen Rücktritt aufgrund seiner abgekupferten Promotionsarbeit retten. Der kombinierte Einsatz der seriösen Presse, die Proteste vieler Doktoranden und Doktoren und die Empörung der ehrlichen Mehrheit machten diesem Possenspiel ein Ende.

Der Guardian ist eine der wenigen wirklich unabhängigen Zeitungen Großbritanniens, die man zu den seriösen und angesehenen Blättern zählt, zu den »Quality Papers«. 2009 forderte er seine Leser zu einem Kraftakt auf. Die Spesenabrechnungen der britischen Parlamentarier waren komplett ins Netz gestellt worden, die schiere Menge der Dokumente war jedoch überwältigend. Nun wirkte der Schwarm im Netz. Nach 80 Stunden waren etwa 170 000 Dokumente von mehr als 20 000 Helfern gesichtet worden, die Erstaunliches zu Tage förderten: Politiker hatten Traktorreparaturen, Teppichreinigungen in Privathäusern und den Erwerb von Kunstdrucken zu Lasten des Steuerzahlers abgerechnet. Premier Gordon Brown ließ 6500 Pfund für die Begrünung seines Zweitwohnsitzes in Schottland abrechnen, sein Vorgänger Tony Blair zwei Tage vor seinem Ausscheiden noch 7000 Pfund für Reparaturen am Dach, der Staatssekretär im Verteidigungsministerium, Quentin Davies, machte Ausgaben in Höhe von 10 000 Pfund für Reparaturen an Fensterrahmen in seiner Zweitwohnung, einem Anwesen aus dem 18. Jahrhundert, geltend. 2008 hatte er bereits versucht, in seinen Spesenaufstellungen 20 700 Pfund als Reparaturkosten für den Glockenturm seines auf einen Wert von 5 Millionen Pfund geschätzten Hauses Frampton Hall als zusätzliche Kostenerstattung geltend zu machen. Auf Druck seiner Fraktion änderte er später die Summe auf 5376 Pfund. Die Aufklärungsarbeit der Menge machte eine Auswertung der Unterlagen überhaupt erst möglich.

Die Dynamik der Gruppe

Solche Gruppen, ob im Netz oder im wirklichen Leben, haben eine eigene Dynamik, die sich zum Guten und zum Schlechten wenden lässt. Wenn es Ihnen gelingt, Gruppen zu mobilisieren, können Sie eine Macht ausüben, über die Sie als Einzelner niemals verfügen würden.

Auf den ersten Blick sind Gruppen allerdings etwas Banales: Formal definiert als drei oder mehr Personen, die miteinander interagieren. Diese Interaktion braucht Dauer und Kontinuität, bevor man von einer Gruppe sprechen kann. Gruppen weisen eine innere Struktur auf und grenzen sich nach außen ab. Macht, Statusunterschiede, Normen – kurz Gruppenstrukturen – spielen eine gewichtige Rolle. Und das macht das Thema Gruppen spannend. Die Möglichkeit, die Kraft einer Gruppe zu nutzen, hängt wesentlich davon ab, wie gut Sie sich als Mitglied des Teams oder als dessen Leiter mit den Erfolgsfaktoren eines funktionierenden Teams zurechtfinden.

Menschen, die zusammenkommen, um gemeinsam eine Aufgabe zu erledigen, werden nicht automatisch zu einem produktiven Team. Jeder ist ein anderer Mensch – mit eigenen Erfahrungen, Einstellungen und Erwartungen. Bevor alle als Team gut zusammenarbeiten können, ist ein Prozess der Harmonisierung abzuarbeiten. Wenn Gruppenmitglieder neu hinzukommen, ausscheiden oder ausgetauscht werden, beginnt dieser Prozess in wesentlichen Phasen neu. In diesem Prozess werden vier typische Phasen durchlaufen: Orientierung (»forming«), Entwicklung (»storming«), Stabilisierung (»norming«) und Leistung (»performing«).

Die Orientierungsphase

Zu Beginn der Arbeit als Gruppe lernt man sich kennen und macht sich mit den Aufgaben und den anderen Mitgliedern des Teams vertraut. Sie probieren mögliches Verhalten aus – Kooperation oder Wettbewerb? In dieser frühen Phase werden wesentliche Weichen für die spätere Zusammenarbeit gestellt. Hinsichtlich des Verhaltens herrscht häufig Unsicherheit, die Mitglieder des Teams verhalten sich zunächst vorsichtig, manche gehen sehr formell mit den anderen Mitgliedern des Teams um, einige sind offensiv und nassforsch. Die Selbstbewussten wirken auf manche arrogant, die Unsicheren halten sich zurück und versuchen, ihre Ängste zu verbergen. Je eher und besser es Ihnen gelingt, Ihre Vorstellungen einzubringen, desto größer Ihr späterer Einfluss auf die Gruppe.

Die Entwicklungsphase
Wenn die Gruppe ein gemeinsames Verständnis von ihren Zielen und von der Vorgehensweise entwickelt, werden erste Schwierigkeiten sichtbar – unklare Absprachen oder Probleme in der Zusammenarbeit. Normen zur Regelung der Zusammenarbeit und zur Klärung von Meinungsverschiedenheiten werden entwickelt. Einfluss auf die Gestaltung der Normen in dieser Phase ist mit Einfluss in allen weiteren vergleichbaren Situationen gleichzusetzen.

Die Stabilisierungsphase
Konflikte sind weitgehend bearbeitet, die Bedeutung des Zusammenhalts für den Erfolg ist den Mitgliedern des Teams klargeworden. Ein Set von Regeln und Vorgehensweisen hat sich entwickelt. Die Identifikation mit der Gruppe und mit der Aufgabe entwickelt sich. Die Gruppe entwickelt eine Identität, diese dient als Abgrenzung zu anderen Gruppen und Einzelpersonen. Sie schafft Symbole der Zugehörigkeit, die Gruppe entwickelt Regeln und Mechanismen.

Die Leistungsphase
Die Gruppe wendet den größten Teil ihrer Energie der Bearbeitung der gemeinsamen Aufgabe zu. Die Beziehungen untereinander sind grundsätzlich geklärt, die Mitglieder der Gruppe haben klar definierte Aufgaben und Rollen

und arbeiten jetzt konzentriert auf die Erreichung des gemeinsamen Ziels hin.

Ein wesentlicher Faktor zur Funktion der Gruppe ist das Phänomen der Konformität. Um als Gruppe zu funktionieren, ist sie unerlässlich, sie kann aber auch in einer zu stark geschlossenen Gruppe zu einer Überlagerung kritischer Reflexion und alternativer Handlungsmöglichkeiten führen. In einer Reihe von Experimenten, die er bereits in den fünfziger Jahren begonnen hatte, studierte der amerikanische Psychologe Solomon Asch, wie Individuen reagieren, wenn sie mit einer Gruppe konfrontiert werden, die einvernehmlich, aber offensichtlich falsch agiert. Asch beschrieb als die eigentliche Bedeutung des Problems folgenden Sachverhalt: »Wenn man den großen Einfluss von Gruppen in Betracht zieht, ist es dann möglich, Personen dadurch zu einer Änderung ihrer Meinung zu veranlassen? Ist es möglich, Personen durch den Druck der Gruppe dazu zu veranlassen, das für falsch zu erklären, was sie gestern für richtig hielten?« Die Antwort darauf findet sich in einer Reihe von Experimenten, die nach einem gleichen Design durchgeführt wurde: Eine Gruppe von sieben bis neun Teilnehmern versammelte sich in einem Raum, um vorgeblich an einem Wahrnehmungsexperiment teilzunehmen. Die Aufgabe bestand darin, die Länge von Strichen zu bestimmen. Es handelte sich um eine Musterlinie, die mit drei anderen Linien zu vergleichen war. Immer war eine Linie gleich lang wie das Muster, die zwei anderen eindeutig kürzer oder länger. Die Gruppen enthielten allerdings nur eine tatsächliche Versuchsperson. Die anderen Teilnehmer waren vom Leiter des Versuchs instruiert worden. Die instruierten Versuchspersonen antworteten vor dem tatsächlichen Teilnehmer. Das Urteil wurde offen abgegeben. Die eigentliche Versuchsperson war als letzte an der Reihe. Die instruierten Probanden gaben übereinstimmend falsche Antworten. Die Resultate zeigen, dass die

Mehrheit – selbst wenn sie eindeutig falsche Antworten gibt – einen starken Druck auf die einzelne Person ausübt. In einer Kontrollgruppe kamen Fehler zur Einschätzung der Längen nicht vor. In der Versuchsgruppe machten klare 76% Fehler, indem sie sich der Gruppenmeinung anschlossen. Den meisten Versuchspersonen war ihr Fehler aufgrund der Meinungsäußerung der Gruppe bewusst. Die Konformität war geringer, wenn die Mehrheit sich nicht ganz einig war. Ein »Abweichler« reichte, um den Einfluss der Mehrheit drastisch zu verringern. Bei Einstimmigkeit dagegen spielt die Anzahl der Personen, die die Mehrheit bilden, keine Rolle. Ausgeprägtes Selbstbewusstsein führt zu geringerer Konformität. Ebenso wird eine Person, die sich ihrer Rolle in der Gruppe sicher ist, weniger stark auf den Druck der Mehrheit reagieren.

Am Max-Planck-Institut für Evolutionäre Anthropologie in Leipzig führten Daniel Haun und Michael Tomasello eine Studie zur Konformität mit 96 Vierjährigen durch. Diese Experimente bestätigten, dass der Effekt auch bei Vorschulkindern wirkt. Auch sie folgen oft wider besseres Wissen der Mehrheitsmeinung.

Gründe für konformes Verhalten sind in der Regel Furcht vor Strafe, Spott der Gruppe oder Hoffen auf Belohnungen wie Akzeptanz oder Lob. In Situationen, in denen der Sachverhalt unklar ist, gewinnt die Meinung der Mehrheit eine größere Bedeutung, Menschen verhalten sich also leichter konform.

Auf der anderen Seite gibt es natürlich auch den Einfluss einer Minderheit auf die Mehrheit. Dieser kommt zum Tragen, wenn eine klare Position bezogen und sehr nachdrücklich vertreten wird, wenn der Einzelne oder die Minderheit ihre abweichende Meinung betont, diese konsistent äußert und bereit ist, ihre Position mit Nachdruck zu vertreten. In solchen Situationen können Einzelne oder eine Minderheit starken Einfluss auf eine Gruppe ausüben, also Macht gewinnen.

Die gute und die schlechte Leistung von Gruppen ist im Wesentlichen von der Struktur und der Qualität der Beziehungen abhängig. Die Identität von Teams bestimmt sich durch eigene Traditionen und informelle Normen, Symbole der Zugehörigkeit und die Abgrenzung zu anderen Gruppen. Es gibt Regulative für die Aufnahme neuer Mitglieder. Regeln und Normen in Gruppen erleichtern das Zusammenleben und die Zusammenarbeit. Gruppennormen entwickeln sich durch den Import bekannter Normen, durch die Orientierung an Beispielen und durch die Entwicklung eigener Regeln. Nach einer Erprobung in der Gruppe werden Normen akzeptiert und gelebt. Es gibt Konsequenzen, die die Einhaltung der Normen belohnen und einen Verstoß sanktionieren. Übliche und hilfreiche Normen in Gruppen sind Fairness, Gegenseitigkeit, Rücksichtnahme, die Erfüllung der Rollenerwartungen, vernunftgeprägtes Verhalten und Regelungen für den Konfliktfall. Einen erheblichen Einfluss auf die Gruppe können Sie immer dann ausüben, wenn es Ihnen gelingt, die Normen in einer Gruppe zu prägen oder überhaupt erst zu verankern.

Ein Team, viele Rollen

Zwischen den Mitgliedern einer Gruppe gibt es natürlich Unterschiede in Macht und Status. Sie bestimmen den Einfluss des einzelnen auf die Entwicklung der Gruppe. Relevante Faktoren sind Ausbildungsstand, Geschlecht, Erfahrung, Status und Führungsebene. Eine Sonderposition nehmen ausgewiesene Experten für Spezialthemen ein. Ein allgemein anerkannter Indikator für die Position in der Gruppe ist die Anzahl der Interaktionen. Je häufiger Sie auf andere zugehen (können) und je häufiger andere an Sie herantreten, desto größer ist Ihr Einfluss in der Gruppe. Sie können durch eine spürbare Steigerung der

Interaktion mit anderen Mitgliedern des Teams Ihren wahrgenommenen Status in der Gruppe beeinflussen.

In jeder Gruppe gibt es formale Rollen – das ist dann beispielsweise der Projekt- oder der Teilprojektleiter. Diese Rollen entsprechen in ihren Möglichkeiten zur machtvollen Ausgestaltung den Aspekten der formalen Hierarchie. Daneben gibt es in jeder Gruppe informelle Rollen, die ihrerseits durchaus wirkungsvoll sein können. Diese Rollen bieten zumeist nur informelle Macht – können aber trotzdem von erheblichem Einfluss auf das weitere Zusammenwirken in der Gruppe sein.

Die wichtigste formelle Rolle hat der Projektleiter inne. Der Projektleiter ist daran zu erkennen, dass er Probleme definiert und Vorgehensweisen zur Lösung vorschlägt. Leiter konzentrieren Diskussionen auf das anstehende Thema. Sie bemühen sich, die Arbeit der Gruppe zu beschleunigen und zum Ziel zu führen. Aufgabenorientierte Leiter konzentrieren sich dabei auf Zahlen, Daten, Fakten. Sie bevorzugen die Analyse und logisch-rationale Wege zur Lösung. Sie leisten häufig selber viel fachlichen Input. Personenorientierte Leiter konzentrieren sich auf beteiligte Personen und darauf, wie sie zur Lösung beitragen können. Ihr Input besteht hauptsächlich in der Zusammenführung der beteiligten Menschen und der Unterstützung der Arbeit am Problem.

In Gruppen übernehmen die Mitglieder meist relativ schnell die unterschiedlichen Rollen. Ein Beispiel für informelle Rollen ist der informelle Gruppenführer, der durch sein Tun den Zusammenhalt der Gruppe unterstützt und das Handeln koordiniert. Der informelle Gruppenführer ist meist die beliebteste Person in der Gruppe und derjenige, der am häufigsten mit den anderen Gruppenmitgliedern interagiert. Schwierig wird das Handeln in der Gruppe, wenn der formale und der informelle Gruppenführer nicht an einem Strang ziehen.

Eine andere, allerdings weniger bedeutende informelle

Führungsrolle kommt meist dem Leistungsträger zu. Er ist besonders tüchtig und erfüllt die Normen geradezu vorbildlich. Er kann allen anderen als Beispiel für Einsatz dienen. Damit geht natürlich geringere Beliebtheit einher.

Beziehungsmanager unterstützen andere Mitglieder der Gruppe durch Zuspruch, Lob und Ermutigung. Sie schlagen weniger eigene Lösungen vor, engagieren sich aber für Lösungsvorschläge anderer. Bei Konflikten bemühen sie sich schnell, zwischen den Beteiligten zu vermitteln. Probleme sehen Beziehungsmanager eher im Zusammenhalt der Gruppe oder in der Übereinstimmung bestimmter Lösungswege mit den Regeln oder Verhaltensweisen mit den vereinbarten Normen. Werden ihre Vorschläge angegriffen, bieten sie sehr schnell Kompromisse an, statt die eigene Position nachdrücklich zu verteidigen.

Auch der Führer der Opposition spielt eine wesentliche Rolle. Selten denkt und handelt eine Gruppe aus einem Guss, je größer desto unterschiedlicher sind häufig die Interessen. Der Opponent artikuliert die Gegenmeinungen und steuert die Handlungen der weniger konformen Gruppenmitglieder.

Entscheidend für den Einfluss auf das Geschehen in der Gruppe ist die eigene Position. In jeder Gruppe gibt es verschiedene Rollen von unterschiedlicher Bedeutung. Die Macht in der Gruppe lässt sich nach der Intensität bestimmen, mit der der Einzelne die Handlungen der Gruppe beeinflusst. Rollen sind Erwartungen an das Verhalten, von außen herangetragen und selbst definiert. Rollen können positive, erhaltende und entwickelnde Funktionen (zum Beispiel die Moderation von Meinungsverschiedenheiten oder das Beschaffen von Informationen) haben, aber auch negative Aspekte wie der Aufbau von störenden Rivalitäten oder die Verneinung von Schwierigkeiten.

Je nach der Rolle, die Sie spielen, im Wechselspiel zwischen Zuweisung und bewusster Übernahme, werden Sie unterschiedlich starken Einfluss auf die Entwicklung und das Handeln der Gruppe haben – und damit Macht.

 Reale Gruppen müssen sich entwickeln.

Zeit, Kontakt und Regeln sind wichtige Zutaten.

Alle wissen mehr als einer – in neuartigen oder komplexen Situationen.

Gruppen brauchen Konformität

... und müssen sich vor Gruppendruck hüten!

Rollen in Teams bedeuten Macht!

9 MACHT UND BEZIEHUNGEN
Von Netzwerk bis Nepotismus

Vitamin B in Politik, Wirtschaft und High Society

»Freunderlwirtschaft« nennt man es in Österreich – und gegenwärtig hat der amtierende Bundeskanzler, Werner Faymann, damit seine Probleme. Gegen ihn und ebenso gegen weitere fünf Exminister laufen Ermittlungen wegen des Verdachts auf Korruption. So gab beispielsweise der ehemalige Chef der Staatlichen Bundesbahnen (ÖBB) Martin Huber an, »man« habe ihm bedeutet, von dem 23-Millionen-Werbeetat für 2008 »sieben Millionen für den Werner« zu reservieren. Andere österreichische Politskandale drehen sich um den Verkauf von Bundeswohnungen oder Eurofightern. Die Protagonisten in diesen Korruptionsstückchen sind Politiker aus den höchsten Ministerämtern.

Auch in Deutschland kann sich ein Freund an der richtigen Stelle lohnen: Im Herbst 2010 zahlte das Land Baden-Württemberg 4,7 Milliarden Euro an die EdF (Electricité de France), ein in Frankreich beheimatetes und weltweit agierendes Energieunternehmen. Die Landesregierung zahlte 850 Millionen über dem aktuellen Börsenwert für einen 45 %igen Anteil an EnBW (Energie Baden-Württemberg AG), die Nummer drei der Energieversorger in Deutschland. Der Auftrag zur Abwicklung des Deals ging ohne Ausschreibung an Morgan Stanley. Böse Zungen unterstellten, dass die gute Bekanntschaft von Dirk Notheis und Stefan Mappus einen Einfluss auf die Vergabe des Auftrags gehabt haben könne. Immerhin waren beide gute Freunde aus alten Tagen in der Jungen Union. Beide waren dort im Vorstand, Dirk Notheis sogar als Landeschef, dann traf man sich im Vorstand der Christdemokraten im Ländle und im Wahlkampf 2005 engagierte sich der Banker Notheis erfolgreich als Spendenbeschaffer für die CDU. Da traf es sich gut, dass Stefan Mappus vorübergehend Ministerpräsident von Baden-Württemberg war und in den wenigen Monaten seiner Amtszeit reichlich heimlich, aber doch erfolgreich den Wiedereinstieg des Landes als Aktionär bei EnBW betrieb, nicht gerade zum Schaden von Morgan Stanley, in deren Vorstand Notheis aufgerückt war. Interessant ist in diesem Zusammenhang, dass die Electricité de France, der Verkäufer, ebenfalls von Morgan Stanley vertreten wurde.

Das gerichtliche Nachspiel bestätigte die Zweifel am Vorgehen: Der Staatsgerichtshof Baden-Württemberg stellte am 6. Oktober 2011 fest, dass der Kauf des Stromkonzerns EnBW nicht am Landtag vorbei hätte geschehen dürfen. Das Vorgehen war eindeutig verfassungswidrig. Eine Folge dieses Urteils war, dass Stefan Mappus den schon sicher geglaubten Führungsjob bei Merck Pharma in Brasilien aufgeben musste. Der Ministerpräsident a. D. muss im März 2012 einem parlamentarischen Untersuchungsausschuss zu EnBW Rede und Antwort stehen.

Nicht nur die Politik wird an manchen Stellen von guten oder zu guten Beziehungen geprägt. In den Augen der Öffentlichkeit haben Versicherungsvertreter einen wenig schönen Job. In Umfragen schneiden sie in der Rangliste der beliebten Berufe meistens schlecht ab, der Beruf wird mit Begriffen wie »Klinkenputzen« oder »Übers Ohr hauen« assoziiert. Die Steigerung zum Versicherungsvertreter ist in den Augen der Öffentlichkeit der »Strukki«, der Mitarbeiter in einem Strukturvertrieb. Und die Strukturvertriebe arbeiten immer wieder an der Unterstützung dieses Vorurteils: So standen beispielsweise im Sommer 2011 die Mitarbeitenden der HMI am Pranger – Aktionen wie gemeinsame Abende mit Prostituierten in Budapest für die besten Verkäufer oder das öffentliche Schnupfen von »Salz« in trauter Runde sorgen nicht gerade für eine Verbesserung des Bildes in der Öffentlichkeit.

Carsten Maschmeyer hingegen, der überaus erfolgreiche Gründer des Strukturvertriebs AWD, ist ein gelungenes Beispiel für Resozialisierung: Ihm ist es gelungen, seinen Reichtum in Kontakte und damit in Macht umzusetzen. Er hat in die richtigen Freunde investiert: Der Exbundeskanzler Gerhard Schröder zählt ebenso dazu wie Guido Westerwelle oder Exbundespräsident Christian Wulff. Letzterer verbrachte direkt nach seiner Wahl den Sommerurlaub 2010 in der Maschmeyer-Villa auf Mallorca und dachte sich nichts dabei. Bert Rürup, einer der renommiertesten und einflussreichsten Wirtschaftsprofessoren Deutschlands, betreibt gemeinsam mit Carsten Maschmeyer eine Beratungsfirma, und der ehemalige Arbeitsminister Walter Riester arbeitet als Berater für Maschmeyers Unternehmen. Nützliche Freunde, gut fürs Image und für gemeinsame Geschäfte. Abgerundet wird das Bild durch seine eindrucksvolle Villa in Hannover – das manager magazin berichtet staunend von 2000 Quadratmetern »Wohnfläche, Privatdisco mit Glasboden und Nebelwerfern sowie einem in monatelanger Kleinarbeit von japanischen Baumeistern errichteten Teehaus in der weitläufigen Gartenanlage«. Und das finale Sahnehäubchen ist die perfekte Partnerin – liiert ist Carsten Maschmeyer mit der prominenten, erfolgreichen und (natürlich) schönen Schauspielerin Veronica Ferres.

Vitamine sind an vielen Reaktionen des Stoffwechsels beteiligt. Ihre Aufgabe besteht in einer Regulierung der Verwertung von Kohlenhydraten, Proteinen und Mineralstoffen, sie dienen der Energiegewinnung, stärken das Immunsystem und sind unverzichtbar beim Aufbau von Zellen, Blutkörperchen, Knochen und Zähnen. Genau so wichtig ist das Vitamin B im Miteinander. Gute Beziehungen schaden nur dem, der sie nicht hat. Man kennt sich, mag sich und hilft sich. Wenn Sie gute Beziehungen haben, sind nicht ganz so perfekte Qualifikationen kein ganz so kritisch hinterfragtes Thema.

BGHZ 85, 293, das sogenannte Hertie-Urteil, stellt zu den persönlichen Voraussetzungen für Aufsichtsratsmitglieder fest: »Mit diesem Gebot persönlicher und eigenverantwortlicher Amtsausübung sei vorausgesetzt, dass ein Aufsichtsratsmitglied diejenigen Mindestkenntnisse und Fähigkeiten besitzen muss, die es braucht, um alle normalerweise anfallenden Geschäftsvorgänge auch ohne fremde Hilfe sachgerecht beurteilen zu können« (vgl. Dehnen). Da liegt es natürlich nahe, dass Doris Schröder-Köpf, die vierte Frau unseres Exbundeskanzlers Gerhard Schröder, vor dem Hintergrund ihrer Erfahrung aus etwa zehn Jahren journalistischer Tätigkeit (Volontariat bei der Augsburger Allgemeinen, Journalistin bei der Bild-Zeitung und beim Focus) am 17. Januar 2011 in den Aufsichtsrat des Karstadt-Konzerns gewählt wurde. Das manager magazin stellt dazu lapidar fest: »Das Rätsel, was Schröder-Köpf für Karstadt tun kann, bleibt.« Nun, die Antwort liegt vielleicht auf der Hand: Beziehungen öffnen Türen, sie schaffen Kontakte und mehr. Mit Hilfe ihres Gatten – der immerhin auch das Nicolas Berggruen Institute, die Denkfabrik des Karstadt-Eigentümers, berät – verfügt Doris Schröder-Köpf über viele und gute Beziehungen.

Protegés lassen sich fördern und geben dafür Loyalität. Thomas Middelhoff war – gemeinsam mit den anderen »Wössner-Boys« – ein solcher Protegé des legendären Bertelsmann-Chefs Mark Wössner, Frank Burkhard Bernhard Appel wurde massiv vom langjährigen Postchef Klaus Zumwinkel gefördert, Klaus Kleinfeld bei Siemens durch Heinrich von Pierer. Nur mit einem einflussreichen Förderer schaffen Sie es bis an die Spitze. Wenn Sie bereits eine gewisse Machtposition haben, arbeiten Sie an einem Ihnen verpflichteten Umfeld.

Blut ist dicker als Wasser. Die meiste Loyalität bekommen Sie in der Regel aus Ihrem engsten Kreis, vielleicht ein Grund dafür, dass gerade Eigentümer – nicht immer nach reinen Qualitätskriterien – so gerne Söhne oder Töchter als Nachfolger auf den Chefsessel hieven. Um die grundsätzliche Loyalität muss man sich so weniger Sorgen machen. Abkömmlinge von Chefs in den Topetagen finden Sie von Weltkonzernen wie Henkel über internationale Unternehmen wie Claas oder Wöhrl bis zu Mittelständlern wie Strenesse und natürlich auch in jedem Handwerksbetrieb um die Ecke.

Adel verpflichtet

Viele derartige Beziehungen hatte und hat auch der Adel. Seit Jahrhunderten heiraten die Angehörigen dieser Kaste meist untereinander – da weiß man, was man hat (nur die Gene spielen den Angehörigen dieser Kaste bei der Vermehrung im geschlossenen Zirkel hin und wieder einen Streich – diese Sprösslinge erregen bevorzugt die Aufmerksamkeit der Regenbogenpresse). Sonst aber sorgt die Wahl eines Partners aus den eigenen Reihen dafür, dass die Latifundien und die Titel in der Familie bleiben. Kinder der obersten Gesellschaft haben natürlich bessere Chancen auf Karriere – sie besuchen die richtigen Schulen, kennen die richtigen Leute und können sich richtig benehmen.

Das bestätigt der Eliteforscher Michael Hartmann. Der Professor vom Lehrstuhl für Soziologie an der TU Darmstadt hat sich über Jahre wissenschaftlich mit dem Erfolg des Adels im modernen Deutschland beschäftigt. Er hat die Lebenswege von Doktoren aus den Bereichen Jura, Wirtschaft und Ingenieurswissenschaften beobachtet und untersuchte die Topkarrieren. Unter den 6500 Promovierten seiner Studie ermittelte er zunächst einen nur leicht überdurchschnittlichen Anteil von Adligen. Überdurchschnittlich viele dieser adligen Doktoren erreichten dann allerdings Führungspositionen in Vorständen oder in der Geschäftsführung. Der Forscher zieht ein eindeutiges Fazit: Der Adelstitel liefert Aufwind auf der Karriereleiter. Hartmann identifiziert als verursachenden Faktor neben den guten Beziehungen auch ein ausgeprägtes Selbstbewusstsein: »Wenn ein Kind morgens aufsteht und auf dem Weg ins Esszimmer an der Ahnengalerie vorbeiläuft, dann akzeptiert es sich unterbewusst als selbstverständliches Mitglied in dieser Reihe der Mächtigen.«

Das gilt nicht nur bei Menschen. Auch bei Tieren, die in hierarchisch strukturierten Gruppen leben, haben die Kinder der Leittiere bessere Chancen. Oliver Höner vom Berliner Leibniz-Institut für Zoo- und Wildtierforschung fasst die Ergebnisse einer Langzeitstudie mit Tüpfelhyänen in Tansania zusammen: »Die Söhne hochrangiger Mütter wuchsen schneller, zeugten früher Junge und hatten einen höheren Fortpflanzungserfolg als die Söhne tieferrangiger Mütter.«

Offiziell gibt es den deutschen Adel gar nicht mehr. Als gesellschaftliche Klasse wurde er mit dem Beginn der Weimarer Republik abgeschafft. Formal besitzt er keinerlei Vorrechte. Doch Donata von Samson-Himmelstjerna, aus erblichem baltischem Adel und Jugendsprecherin der Vereinigung deutscher Adelsverbände (sic!), zeigt sich überzeugt davon, dass bis heute ein Adels-Netzwerk in Deutschland existiert und funktioniert. Jetzt.de, das Jugendmagazin der Süddeutschen, erfährt von ihr: »Türen öffnen sich eher durch das Netzwerk der Adelskreise. Wer Hilfe braucht, bekommt sie.«

Wenn Sie schon nicht von Adel sind, können Sie Ihr Netzwerk auf dem Umweg über Verbindungen vielleicht selber organisieren? Studentenverbindungen entstanden im Umfeld der Deutschen Revolution von 1848. Damals waren sie Organisationen mit reformatorischen gesellschaftspolitischen Motiven. Die Verbindungen haben die Zeit überdauert, nicht unbedingt aber die progressive Ausrichtung. Inzwischen hält man es mehr mit der Tradition als mit der Zukunft. Und in den Fuchsenprüfungen sind das Wissen um die Organisationsstruktur der verschiedenen Bünde und die Kenntnis der Trinklieder inzwischen wichtiger als die Arbeit an der Zukunft unserer Gesellschaft. Schon Heinrich Mann hat in seinem Roman »Der Untertan« das Verbindungswesen zu seiner Zeit treffend charakterisiert. Verbindungen tritt heutzutage auch nach Meinung vieler Personalberater jemand dann bei, wenn er sich einem Netzwerk anschließen will, das ihm das berufliche Fortkommen erleichtert (zudem kann man in den Verbindungshäusern günstig wohnen). Es heißt, dass Korporierte leichter einen Weg in den Arbeitsmarkt finden. Altgediente Verbindungsbrüder sind beispielsweise Henning Schulte-Noelle von der Allianz, EU-Kommissar Günther Oettinger oder der ehemalige Bundesverfassungsrichter Paul Kirchhof. Doch inzwischen mögen immer weniger Unternehmen Burschenschaftler und Verbindungsmitglieder als die wahren Aspiranten auf eine Karriere im Unternehmen erkennen. Laut manager magazin gelten die Verbindungen den Personalchefs inzwischen als dubios, sie sehen diese als Sammelbecken für diejenigen, die sich eine Karriere ohne entsprechende Unterstützung eben nicht zutrauen. Und von den Spitzenkräften der deutschen Wirtschaft sind nur noch Hartmut Mehdorn, Henning Schulte-Noelle und Kai Diekmann bekennende Farbenträger.

Die Macht von guten Beziehungen

Wenn Sie weder adlig sind noch einer Verbindung beitreten möchten, kommen Sie vielleicht wenigstens aus dem richtigen Elternhaus. Michael Hartmann, der schon zitierte Professor für Soziologie an der TU Darmstadt, stellt als Ergebnis seiner Forschungen fest, dass fast 80 Prozent der Chefs der 200 größten deutschen Unternehmen ihrerseits aus großbürgerlichen Familien kommen. Dierk Hirschel, Chefökonom beim Deutschen Gewerkschaftsbund, sieht ähnliche Mechanismen als eine wichtige Ursache für Reichtum. In seinen Arbeiten stellte er fest, dass bei den Bewerbungen um eine Spitzenposition letztlich die Herkunft entscheidet. Die Höhe des späteren Einkommens hat mehr mit dem sozialen, kulturellen und ökonomischen Kapital des Elternhauses als mit individueller Leistung zu tun. Bereits im Beruf erfolgreiche Eltern können die Tür für begehrte Praktika öffnen oder durch ihre guten Beziehungen einen attraktiven Einstiegsjob besorgen.

Organisierte Netzwerke können Treffen an gemeinsamen Orten sein – so wie sich die Berliner Politprominenz gerne in Restaurants wie dem Borchardt oder im Einstein trifft. Es kann auch ein Klub sein, natürlich einer von der feineren Sorte, zum Beispiel der noble Golfclub Gut Kaden bei Hamburg mit immerhin 27 Löchern oder der feine »Club an der Alster« in Hamburg, der »China Club Berlin« oder der »Münchener Herrenclub«.

Wir wollen den Menschen vertrauen, mit denen wir arbeiten. Gleiche Wertvorstellungen, ein ähnlicher Hintergrund, vielleicht vergleichbare Erfahrungen aus Studium und Arbeit sorgen natürlich für mehr Vertrauen. Ein wichtiger Faktor ist Nähe. Wenn uns etwas mit anderen Menschen verbindet, sind wir eher bereit, sie zu unterstützen und ihnen unser Vertrauen zu schenken. Dieser Ähnlichkeitseffekt übt eine besondere Wirkung aus. Mitarbeiter, die in einzelnen Merkmalen Ähnlichkeiten mit ihren Führungskräften aufweisen – oder im Lauf der Zeit erlernt haben, diese zu entwickeln –, können eher mit Sympathie und Akzeptanz rechnen als Kollegen, bei denen dies nicht festgestellt wird.

Ähnlichkeit unterstützt die Machtausübung durch Identifikation. Wir wollen uns mit den Eigenschaften und Qualitäten des Machtinhabers identifizieren, wir gewinnen so Befriedigung aus unserer Akzeptanz. Einem geschätzten Vorbild eifert man gerne nach. Dieses Verhalten wiederum verstärkt die Sympathie des Machtinhabers, denn unsere Ähnlichkeit steigert wiederum seine Akzeptanz. Diese Form der Macht besteht in der Fähigkeit, ein Gefühl der Verbundenheit hervorzurufen. Der Machtausübende beeinflusst Einstellungen der Bezugsperson zur Machtperson, also zu sich selbst.

Jeder beruflich Erfolgreiche weiß, dass er ohne Netzwerk nicht dort angekommen wäre, wo er heute ist. Es ist wichtig, die richtigen Leute zu kennen. Knüpfen Sie an Ihrem Netzwerk, Knoten für Knoten. Identifizieren Sie die relevanten Kontakte und pflegen Sie diese intensiv.

Eine Meisterin im Knüpfen von Netzwerken ist Rebecca Brooks, aktuell noch Geschäftsführerin von Rupert Murdochs News International – der Firma, in der alle britischen Zeitungen seines Imperiums zusammengefasst sind. Der Spiegel berichtet von dem Weg, den Rebecca Brooks beschritten hat, um so weit nach oben zu gelangen: »Kollegen beschreiben Brooks als eine Netzwerkerin von hohen Gnaden. Sie begann ihre Karriere bei der News als Sekretärin, elf Jahre später war sie in der Chefredaktion angelangt.« Das dürfte nur den wenigsten gelingen (es sei denn, Sie heiraten gleich den Chef oder die Chefin. Dann erben Sie eines Tages den ganzen Verlag oder den Industriekonzern. Eine auch in Deutschland schon häufiger erfolgreiche Strategie). Der Spiegel verrät uns auch, wie Rebecca Brooks so schnell so hoch steigen konnte: »Brooks lernte Tennis, wenn ihr Vorgesetzter Tennis spielte, und lernte das Golfspielen, als sie einen anderen Vorgesetzten mit anderen Vorlieben erhielt. Und dann machte sie ihren Segelschein, obwohl keiner ihrer direkten Chefs segelte. Aber die Murdochs segelten, und der Durchbruch in den Familienkreis des Tycoons schuf die erste Grundlage für ihre heutige Stellung.« Der Volksmund mag das Einschleimen nennen, es scheint aber zu wirken. Menschen mögen nun einmal Menschen, die etwas mit ihnen gemeinsam haben. Der Ähnlichkeitseffekt übt seine magische Wirkung aus.

Hinzu kommen die Möglichkeiten, die mit einem guten Netzwerk verbunden sind: Sich nur ranzuschmeißen ist schließlich noch kein erfolgreiches Netzwerken. Sie brauchen die entscheidenden Kontakte u n d Sie müssen diese auch entsprechend nutzen. Auch das konnte Rebecca Brooks: »Egal, wer gerade Regierungschef war, wenn Rupert Murdoch mal wieder ein Wochenende in Chequers, dem Landsitz des Premiers, verbringen wollte, war es Brooks, die das organisierte ...« Frau Brooks liefert uns ein besonders prominentes Beispiel für die Macht, die uns gute Verbindungen zu den Wichtigen und Mächtigen verschaffen.

Mit den guten Verbindungen kommen die Möglichkeiten: Herbert Henzler war der erste Deutschland-Chef von McKinsey. In einem Interview mit dem manager magazin anlässlich seines 70. Geburtstags stellt er ganz klar den Nutzen von Netzwerken heraus: »Ich ... konnte insbesondere unser Alumni-Netzwerk gut nutzen. Wenn die Berater einsetzen wollten, kamen sie natürlich zu uns.« Dieses gute Netzwerk gilt als einer der Gründe für McKinseys Erfolge. Die Wirtschaftswoche präsentierte eine Auswahl von früheren McKinsey-Beratern in Spitzenjobs: Frank Appel – Deutsche Post (auch sein Vorgänger Klaus Zumwinkel war ein »Meckie«) ebenso wie Ex-Postbank-Chef Wolfgang Klein, Leonhard Birnbaum – RWE, Torsten Oletzky – ERGO, Alexander Dibelius – Goldman Sachs, Gunter Dunkel – NORD/LB oder Markus Schenck – E.on, Barbara Kux – Siemens, Axel Wieandt – Hypo Real Estate, zudem Schwager von Martin Blessing, früher ebenfalls McKinsey, um nur einige von vielen zu nennen. Die Mehrzahl der deutschen DAX-Unternehmen wird oder wurde von McKinsey beraten.

Nicht immer sind Berater dann auch wirklich gut an der Spitze von Unternehmen. Der Clan der Haniels hat gegenwärtig keine wirkliche Freude an seinen Beteiligungen, zu denen immerhin Unternehmen wie Celesio oder auch die Metro gehören. Eine Hauptschuld an den schlechten Entwicklungen der letzten Jahre wird dem Vorstandsvorsitzenden des Familienkonzerns angelastet. Jürgen Kluge stand 22 Jahre lang in Diensten von McKinsey und amtierte die letzten sieben Jahre als Deutschland-Chef. Ein Mann also, der viele Wirtschaftsbosse dabei beraten hat, wie man ein Unternehmen erfolgreich führt. Doch die Werte des »Wertentwicklers« (Selbstcharakterisierung von Dr. Jürgen Kluge) entwickelten sich nicht wie geplant. Die Aktien des Haniel-Clans haben inzwischen mehrere Hundert Millionen Euro an Wert verloren. Von seiner Ankündigung: »Ich werde Dornröschen wach küssen« (so die Frankfurter Allgemeine Sonntagszeitung), ist wenig geblieben. Laut Aussage eines Familienmitglieds sind ihm »falsche Entscheidungen ... nicht vorzuwerfen, weil er in der Sache nichts entschieden hat.« Am 9. November 2011 gab Jürgen Kluge dem nicht mehr zu ignorierenden Druck der Eigentümer nach und erklärte seinen Rücktritt auch vom Amt als Vorstandsvorsitzender der Franz Haniel & Cie.

Wenn Berater schon eine solche Macht durch ihre Netzwerke haben, dann ist das Netzwerk an der Spitze der wichtigsten deutschen Unternehmen sicher noch wichtiger. Die Mächtigen der Republik treffen sich häufig. Das sind die Sitzungen der Aufsichtsräte wichtiger Unternehmen oder die Tagungen großer Verbände wie der Bundesverband der Deutschen Industrie. Gesellschaftliche Anlässe sind Festspiele wie Bayreuth, Salzburg oder auch das Weltwirtschaftsforum in Davos. Einen Kern von Mächtigen im Zentrum der relevanten Netzwerke wird es immer geben.

Herr Hunold hat für Air Berlin auch mit den Waffen des Beziehungsmanagements um Einfluss gekämpft. Journalisten werden zu deren Freude von dem Unternehmen schon lange Sonderkonditionen eingeräumt. Und neben Gratisflügen für Prominente aus Wirtschaft, Sport und Kultur (man kann ja nie wissen, Kontakte sind immer gut) gab es jahrelang »Top-Bonus-Karten« für die Abgeordneten des Deutschen Bundestages. Die Ansage war recht eindeutig, enthielt doch das Begleitschreiben zu den Karten nach Presseberichten die mehr oder minder verklausulierte Aussage, dass der Empfänger als politischer Entscheidungsträger wichtig sei für Entscheidungen zur Luftfahrt in Deutschland – und damit relevant für die Fluglinie. Kleine Geschenke erhalten die Freundschaft.

Wer solche guten Beziehungen nicht hat, kauft sich Einfluss auf politische Entscheidungen. Dafür gibt es PR-Berater und Lobbyverbände. Die spannt man ein, um den eigenen Vorstellungen in politischen Kreisen und bei Journalisten Gehör zu verschaffen.

Lobbyismus bezeichnet die Vertretung der Interessen einzelner Gruppen in Politik und Gesellschaft. Das Ziel besteht in der Beeinflussung der Gesetzgebung und der Exekutive, insbesondere über persönliche Kontakte und auf dem Umweg über die Medien. Beispiele für solche Lobbyvereinigungen sind Unternehmerverbände, Gewerkschaften oder Nichtregierungsorganisationen. Sie setzen sich für so unterschiedliche Themen wie Urheberrecht, den Schutz der Wale oder RFID (Radio Frequency Identification) ein. Dieser Weg des Netzwerkens muss erfolgreich sein, denn im Juni 2010 waren nur in Deutschland bereits 2136 Verbände registriert. Weil das Ziel der Arbeit sich im Schwerpunkt auf die Beeinflussung der politischen Entscheidungsträger richtet, suchen sich Lobbyorganisationen ihre Geschäftsführer wiederum gerne in den Ministerien. Die sind politisch nämlich bereits bestens vernetzt. Im Mai 2011 beispielsweise erkor sich der Bundesverband der Deutschen Industrie den Leiter der Abteilung für Grundsatzfragen im Bundesfinanzministerium als neuen Hauptgeschäftsführer. »Markus Kerber soll dem BDI verschlossene Türen öffnen«. Kontakte sind alles.

Wie in manchen Fällen robuste Öffentlichkeitsarbeit wirkt, können Sie am Beispiel der Rosia Montana Gold Corporation (RMGC) studieren. In den Bergen rund um das rumänische Rosia Montana vermuten Geologen 300 Tonnen abbaufähiges Gold und 1500 Tonnen Silber im geschätzten Gesamtwert von 17 Milliarden Dollar. Dumm nur, dass man für den Abbau die idyllische Landschaft nahezu vollständig zerstören muss. Daher gab es zunächst breiten Widerstand in der ansässigen Bevölkerung, der Presse und der Kirche gegen diese Pläne. RMGC entfaltete daraufhin eine Reihe von Aktivitäten, um die Bevölkerung von den Vorteilen einer Zusammenarbeit zu überzeugen: Es gibt jährliche Minenarbeitertage und von der RMGC gesponserte NGOs (Nichtregierungsorganisationen), die die Vorteile des Bergbaus für die Region herausstellen. Das Zentrum des Ortes wird auf Kosten der Gesellschaft restauriert, Beschäftigung finden dort bevorzugt natürlich die Angehörigen lokaler Entscheidungsträger oder Anwohner, die ihre Grundstücke bereits an RMGC veräußert haben. Viel Geld wird für Fernseh- und Rundfunkspots ausgegeben sowie für Anzeigen in allen Zeitungen des Landes. Sechs der sieben wichtigsten Blätter berichten inzwischen nicht mehr kritisch über das Vorhaben. Der US-Lobbyfirma Public Strategies soll es sogar gelungen sein, für ein saftiges Honorar positiven Einfluss auf Publikationen im Economist und von Bloomberg zu nehmen. Die rumänische Regierung hat inzwischen ein Gesetz durchgewinkt, das Minengesellschaften ein Recht auf Enteignung zubilligt. Netzwerke wirken. Punkt.

Das ist keineswegs eine Besonderheit des Balkans. Erst unlängst berichtete die Presse von den Aktivitäten der Lobbyorganisation Atomforum. Mit Millionenaufwand und der Unterstützung durch die Agentur Deekeling Arndt Advisors versuchte das Atomforum seit 2008 die öffentliche Meinung zur Atomenergie zu beeinflussen. Es gab Imagekampagnen, die Atommeiler als Klimaschützer darstellten, bekannte Manager priesen Kernkraft in verschiedenen überregionalen Zeitungen und Zeitschriften, für wichtige Journalisten wurde eine Pressereise in die Schweiz organisiert. Sogar der bekannte Jurist und Publizist Prof. em. Dr. Arnulf Baring, immerhin Träger des Bundesverdienstkreuzes 1. Klasse und des Großen Bundesverdienstkreuzes, lobte die Kernkraft in einem vielbeachteten Vortrag auf dem 50-Jahres-Fest des Atomforums.

Meinungsarbeit ist keineswegs ein Privileg der Industrie, auch Organisationen wie Greenpeace, SOS-Kinderdorf oder UNICEF werben mit allen Mitteln, gerne auch mit Einsatz Prominenter, auf allen Kanälen für ihre Ziele. Ihr Einsatz für die gute Sache wird mit lukrativ dotierten Werbeverträgen oder einem sehr großzügig ausgestatteten Spesenkonto als Dankeschön für ihr Erscheinen honoriert.

Gute Beziehungen basieren oft auf gemeinsamen Erfahrungen. Besonders angelsächsische Hochschulen nutzen diesen Gedanken, um zwischen den Absolventen ein Netzwerk zu schmieden. Den Mitgliedern versprechen Alumni-Netzwerke wertvolle Kontakte, den Hochschulen Spenden erfolgreicher und dankbarer Absolventen. Alumni steht im Lateinischen für »Zöglinge«. Diese Alumni-Vereinigungen existieren schon lange. So wurde beispielsweise die Harvard Alumni Association bereits 1840 gegründet. Der Nutzen dieser Netzwerke ist hinlänglich bewiesen: Für das Fundraising der Princeton-University halten mehr als 100 Mitarbeiter Kontakt zu 65 000 Absolventen, 60 Prozent der Betreuten spenden regelmäßig. Die Kontaktpflege bietet den Einzelnen schließlich viele Vorteile. Man kennt sich, man hilft sich. Das Wesen von Netzwerken liegt im Nehmen u n d im Geben. Das ist der ungeschriebene Kodex.

So versammelte David Cameron, selbstverständlich Absolvent der renommierten Universität Oxford, schon in der Phase seiner Bewerbung um das Amt des Premierministers eine Heerschar sogenannter Oxbridge-Absolventen (das sind Zöglinge der Universitäten Oxford und Cambridge) um sich. Boris Johnson wurde Schattenminister für Hochschulen. Den Exchefredakteur des Wochenblatts The Spectator kannte David Cameron bereits aus Eton und traf ihn dann in Oxford wieder. George Osborne, ebenfalls Oxford-Absolvent und Sohn eines Barons, wurde zum Schatten-Finanzminister, den früheren Eton-Gefährten Zac Goldsmith kürte der jetzige Premierminister zum umweltpolitischen Berater. Insgesamt zählte sein 24-köpfiges Schattenkabinett 15 Oxbridge-Absolventen.

Der Nutzen von reziprokem Altruismus

Neben dem unmittelbaren Nutzen durch Belohnung spielt die grundsätzliche Hilfsbereitschaft von Menschen eine Rolle, verbunden mit der Reziprozität. In der menschlichen Entwicklungsgeschichte war es immer sinnvoll, uns nahestehenden Menschen zu helfen. Wenn wir die Chancen von uns verwandten Menschen verbessern, verbessern wir damit die Chancen unseres Genpools, sich zu verbreiten. Indem wir anderen helfen, verstärken wir deren

Bereitschaft, uns zu helfen: »Wie du mir, so ich dir.« Alvin Ward Gouldner, ein amerikanischer Soziologe, formulierte zu Beginn der 1960er Jahre des letzten Jahrhunderts die wesentlichen Ideen zum Konzept der Reziprozität oder Gegenseitigkeit. Diese Norm bedeutet, dass ich andere so behandeln werde, wie sie mich behandelt haben. Das gilt ebenso für positive wie für negative Konsequenzen. Diese Norm hilft uns, fairen sozialen Austausch und ein gewisses Maß an Verlässlichkeit in unseren sozialen Beziehungen zu erleben.

Reziproker Altruismus beruht auf der – oft impliziten – Annahme, dass wir durch die Hilfe für andere die Wahrscheinlichkeit erhöhen, dass uns selber in vergleichbaren Situationen ebenso geholfen wird. Selbst unter Nichtverwandten sollte dieses Verhalten im Lauf der sozialen Evolution unsere Chancen deutlich erhöhen, zu überleben und uns notwendige Ressourcen zu sichern. Individuen, die reziproken Altruismus praktizierten, hatten somit bessere Chancen zu überleben. So erhalten beispielsweise Schimpansen, die andere generös an ihren Mahlzeiten teilhaben lassen, ihrerseits ebenfalls eher Anteile an den Malzeiten anderer Schimpansen, selbst wenn diese nicht selber von der Großzügigkeit profitiert haben. Dieser Effekt steigt noch einmal deutlich an, wenn es sich um Tiere handelt, die sich den jeweiligen Esspartnern gegenüber großzügig gezeigt haben: »Gib und so wird dir gegeben.«

Selbst Tauschbörsen für Musik und Videos im Internet funktionieren nach diesem Prinzip. Nur wenn ich meine Dateien für andere zugänglich mache, erhalte ich ebenso Zugang zu ihren Daten. Zentraler Dreh- und Angelpunkt für die Entwicklung und Aufrechterhaltung reziproken Verhaltens ist das Vorhandensein von Normen und die Sanktionierung von Verstößen.

Reziprozität erstreckt sich auch in den Bereich der zwischenmenschlichen Anziehung. Fritz Heider formulierte als erster den theoretischen Ansatz, dass Menschen sich besser fühlen, wenn ihre Beziehungen zueinander ausbalanciert sind. Darum schätzen wir es, wenn wir die Freunde unserer Freunde mögen und von diesen gemocht werden. Jeder von uns kennt das ungute Gefühl, wenn Freunde sich – auch – mit Menschen umgeben, die uns wenig sympathisch sind. In einer solchen Gruppe fühlen wir uns nicht wohl. Für uns ist wichtig, dass wir uns geschätzt fühlen. In Gruppen Gleichgesinnter ist das so, darauf dürfen wir vertrauen. Wir wollen dasselbe, schätzen dasselbe und vereinigen unsere Anstrengungen. Wir ziehen alle an einem Strang.

Das Funktionieren von Netzwerken beruht auch auf der Macht durch Belohnung. Die Mitglieder eines Netzwerks haben die Möglichkeit, sich gegenseitig zu belohnen. Sie zeigen Aufmerksamkeit für das Anliegen des anderen, Lob und Zuwendung. Jeder fühlt sich wohl in der Gegenwart von Menschen, die einem ähnlich sind oder zumindest einige der eigenen Werte und Erfahrungen teilen. In einem gut funktionierenden Netzwerk gibt es auch materielle Belohnungen für entgegengebrachte Zuwendung – beispielsweise Hinweise auf freie Stellen oder sogar das Jobangebot selber.

Die Social Exchange Theory (Theorie des sozialen Austauschs) erklärt Veränderungen und Stabilität in unserem sozialen Umfeld als das Ergebnis des Austausches zwischen den beteiligten Personen. Danach werden alle menschlichen Beziehungen auf der Basis einer subjektiven Kosten-Nutzen-Analyse und vor dem Hintergrund des Vergleichs mit Alternativen gestaltet.

Sozialverhalten wird als ein Austausch von Gütern gesehen – materielle Güter wie Geld und immaterielle wie Anerkennung oder Prestige. Menschen, die viel investieren, wollen ihrerseits profitieren, und Menschen, die viel bekommen, stehen unter dem Druck, ihrerseits viel zu geben. In Netzwerken ist die Macht, zu geben und zu nehmen, besonders gut ausbalanciert. Informelle Verbindungen kennen keine klassischen Machtstrukturen wie Hierarchien oder einseitig verteilte Dominanzrollen.

Wie Sie erfolgreich netzwerken

Wenn Sie nun vom Nutzen guter Beziehungen überzeugt sind und intensiver an Ihrem Netzwerk arbeiten wollen, wie gehen Sie dann am besten vor?

Von Siegern lernen heißt siegen lernen. Auch 2011 gehörte die W. L. Gore & Associates GmbH zu den erfolgreichsten Teilnehmern beim Wettbewerb »Deutschlands Beste Arbeitgeber«. Und sie bekamen den Preis als »Gold Trust Champion« – ein Prädikat für Firmen, die mindestens sieben Mal zu den Top-100-Unternehmen des deutschen »Great Place to Work«-Wettbewerbs gehören. Gore glaubt fest daran, dass Menschen von sich aus arbeitswillig sind. Das Unternehmen funktioniert dementsprechend nach dem Netzwerkprinzip: Führungskräfte werden für die Zeit eines Projekts gewählt. Um flexibel zu sein, teilen sich Werke, sobald die Zahl von etwa 150 Mitarbeitenden überschritten wird. Das stimmt mit den Befunden aus Sozialpsychologie und Anthropologie überein. Der britische Anthropologe Dunbar untersuchte Anfang der 1990er Jahre den Zusammenhang zwischen dem Gehirnaufbau und der Gruppengröße. Das Gehirn kann nur eine begrenzte Zahl von Kontakten verarbeiten. Für den Menschen bestimmte er eine maximale Gruppengröße von etwa 150 Personen, die sogenannte Dunbar-Zahl. Das ist die Anzahl an engen Kontakten, die wir mit unserer kortikalen Ausstattung gut bewältigen können. Beobachtungen an tatsächlichen menschlichen Gemeinschaften wie der Glaubensgemeinschaft der Hutterer in den Vereinigten Staaten oder auch die Orientierungsgrößen in professionellen Armeen stützen diese Befunde.

Das hat Konsequenzen für erfolgreiches Networking: Entscheidend sind neben der absoluten Größe auch Auswahl und Intensität. Qualifizierten Kontakt mit mehr als 200 Personen aufzubauen und zu entwickeln, ist kaum möglich und wenig sinnvoll. Überlegen Sie also genau, wen Sie in Ihr Netzwerk aufnehmen möchten. In unterschiedlichen Lebens- und Berufsphasen ist es sinnvoll, Ihr Netzwerk umzubauen.

Der soziale Austausch des Networking funktioniert wie ein Markt. Erfolgreich werden Sie dann sein, wenn Sie nicht nur von anderen profitieren wollen. Entscheidend ist ebenso, dass Sie Ihrerseits geben wollen, was Sie geben können. Auf dieser Basis können Sie sich gezielt bestimmten Personen nähern. Professionelle Austausch-Plattformen wie Xing sind darum auch immer nur begrenzt erfolgreich. Der Nutzen bleibt teilweise unklar und ist vor allem nicht symmetrisch verteilt.

Bewerbungen sind erfolgreicher, wenn Sie von einem Mitarbeitenden des Unternehmens empfohlen werden. Wenn Sie bereits Mitarbeitende Ihres neuen Unternehmens kennen, überstehen Sie in der Regel leichter die Probezeit und arbeiten auch später erfolgreicher. Mark Granovetter, ein amerikanischer Soziologe, legte Anfang der 1970er Jahre des letzten Jahrhunderts seine Analyse *The Strength of Weak Ties* vor. Darin untersuchte er Konstruktionen erfolgreicher Netzwerke. Die Beziehungsstärke ist nach Granovetter von den folgenden vier Faktoren abhängig:

- Verwendete Zeit (gemeinsam verbrachte Zeit)
- Emotionale Intensität
- Intimität (gegenseitiges Vertrauen/Verständnis)
- Reziprozität (gegenseitiger Nutzen aus der Beziehung)

Ihre Macht im Netzwerk wird mit Ihrer Position wachsen: Kennen Sie die wichtigen Leute? Knüpfen Sie die entscheidenden Fäden? Je zentraler Ihre Position, desto größer ist Ihre Bedeutung für das Netz und desto größer wird der Nutzen daraus.

Macht gelingt nur mit einem Netzwerk: Nur mit entsprechenden Beziehungen erhalten Sie wichtige Informationen, Sie können auf Ressourcen zugreifen, die über Ihre unmittelbare Position hinausreichen, Sie entwickeln Beziehungen zu Menschen weit über Ihren unmittelbaren Kreis hinaus. Sie multiplizieren Ihre Möglichkeiten!

GRUNDREGELN FÜR ERFOLGREICHES NETWORKING

Klasse statt Masse

Ein Netzwerk ist so wertvoll wie die Qualität seiner Mitglieder.

Geben und nehmen: Der beste Einstieg ist eine Investition von Ihrer Seite – dann können Sie später immer vom Beziehungskonto abheben.

Dranbleiben

Die Beziehung im Netzwerk braucht regelmäßige Kontakte – virtuell und persönlich. Arrangieren Sie ein Treffen oder schreiben Sie zumindest immer mal wieder eine Nachricht, rufen Sie an.

Drauflegen

Der Kontakt muss auch qualitativ vertieft werden. Machen Sie Ihren Netzwerkpartnern relevante Angebote. Vielleicht finden Sie einen interessanten Artikel oder können eine Konferenz empfehlen.

Eindruck machen

Vermitteln Sie den p a s s e n d e n Eindruck. Wir alle bevorzugen Menschen, die gepflegt aussehen und sich zu benehmen wissen. Das beginnt bei der Kleidung und geht über den Händedruck bis zum Plausch über die passenden Themen.

Interessiert sein

Zeigen Sie Interesse für Andere. Dann sind Sie auch interessant. Kleine Komplimente erhalten die Freundschaft und jeder erzählt gerne von seinen Projekten.

Offen sein

Nicht jeder gefällt Ihnen auf den ersten Blick. Bleiben Sie offen – vielleicht ist an dem anderen Menschen mehr dran, als Sie sofort erkennen können. Gerade unterschiedliche Erfahrungen, Kompetenzen und Einstellungen können sehr befruchtend sein.

Vorbereitet sein

Planen Sie vorher, wen Sie in Ihr Netzwerk einbinden wollen – und was Sie zu bieten haben. Vielleicht ein Konzept, eine Idee, einen Kontakt.

Am Ball bleiben

Lernen Sie Ihre Netzwerkpartner kennen – und merken Sie sich die wichtigen Dinge. Jeder mag es, wenn der andere sich nach dem Ergebnis einer wichtigen Präsentation erkundigt oder man eine Karte zum Geburtstag bekommt.

Verlässlich sein

Halten Sie Ihre Versprechen. »Ich melde mich!« bedeutet, dass Sie tatsächlich anrufen sollten. Sie erwarten ja auch eine Antwort, wenn der andere sagt: »Ich erkundige mich für Sie.«

Gemeinsamkeiten entwickeln

Suchen Sie Übereinstimmendes. Menschen, mit denen wir Interessen teilen, finden uns sympathischer. Vielleicht können Sie gemeinsam an einem Projekt arbeiten, einen Vortrag halten oder einen Artikel schreiben.

Bleiben Sie geduldig

Gute Beziehungen müssen sich mit der Zeit entwickeln. Vertrauen braucht Zeit. Wenn es im Kleinen klappt, dann können Sie sich auch bei größeren Vorhaben aufeinander verlassen.

Seien Sie neugierig

Stellen Sie viele Fragen. Das signalisiert Ihrem Gegenüber Interesse – und Sie werden Neues lernen. Bleiben Sie neugierig. Eine gute Bekanntschaft wird länger und tiefer, wenn Sie gut zuhören können.

Flexibel bleiben

Wir verändern uns und Netzwerke verändern sich. Es ist unwahrscheinlich, dass Sie in zehn Jahren noch dasselbe tun und mit denselben Menschen zusammenarbeiten werden. Arbeiten Sie gezielt an der Aktualisierung Ihres Netzwerks.

10 MACHT UND EXPERTEN
Von Kompetenz bis Doktortitel

Echte und unechte Experten

In ihrer mittlerweile klassischen Studie haben die amerikanischen Psychologen John French und Bertram Raven ein Schema von Kategorien entworfen, das die verschiedenen Machtbasen und Ressourcen klassifiziert. Eine dieser Kategorien ist die Macht durch Wissen. Macht durch Wissen kommt vom Wissen des Experten. Er weiß und kann. Wissen ist Macht.

Natürlich gibt es Experten und Experten. Rolf Dobelli berichtet in *Die Kunst des klaren Denkens* von einer Geschichte, die er seinerseits von dem Investor Charlie Munger gehört hat: »Nachdem er den Physik-Nobelpreis 1918 erhalten hatte, ging Max Planck auf Tournee durch ganz Deutschland. Wo auch immer er eingeladen wurde, hielt er denselben Vortrag zur neuen Quantenmechanik. Mit der Zeit wusste sein Chauffeur den Vortrag auswendig. ›Es muss Ihnen langweilig sein, Herr Professor Planck, immer denselben Vortrag zu halten. Ich schlage vor, dass ich das für Sie in München übernehme, und Sie sitzen in der vordersten Reihe und tragen meine Chauffeur-Mütze. Das gäbe uns beiden ein bisschen Abwechslung.‹ Planck war amüsiert und einverstanden, und so hielt der Chauffeur vor einem hochkarätigen Publikum den langen Vortrag zur Quantenmechanik. Nach einer Weile meldete sich ein Physikprofessor mit einer Frage. Der Chauffeur antwortete: ›Nie hätte ich gedacht, dass in einer so fortschrittlichen Stadt wie München eine so einfache Frage gestellt würde. Ich werde meinen Chauffeur bitten, die Frage zu beantworten.‹«

Zum Chauffeurswissen gehören Abschlüsse light – erworben in einem Rahmen, der die pünktliche und vollständige Zahlung der meist überhöhten Studiengebühren in den Vordergrund stellt. Prominente Beispiele für falsches Expertenwissen sind auch die Doktortitel von dubiosen Hochschulen oder von Förderern einer Promotion gegen Geld. Der Promotionsberater Martin D. vom Institut für Wirtschaftsberatung in Bergisch Gladbach wurde bereits 2008 wegen Bestechung in 61 Fällen zu dreieinhalb Jahren Haft und einer hohen Geldstrafe verurteilt, der Juraprofessor A. der Hochschule Hannover inzwischen ebenfalls wegen Bestechlichkeit in 68 Fällen. Einige der schmierenden Doktoranden durften ihre Titel zunächst weiterführen. Das niedersächsische Verwaltungsgericht zweifelte an, dass sie trotz der hohen Zahlungen von € 20 000 oder mehr annehmen mussten, der Titel sei gekauft.

Doktortitel erscheinen vielen als untrügliche Merkmale für Experten. Das macht sich nicht nur gut – das ist auch ein Zeichen dafür, dass sich jemand lange, intensiv und erfolgreich mit einem komplexen Thema beschäftigt hat. Der Doktortitel ist ein klares, wenn nicht das ultimative Attribut der Kompetenz. Höchstens noch übertroffen von einer Professur. Das macht ihn so anfällig für Missbrauch.

Experten üben einen starken Einfluss auf unser Handeln aus. Experten sind Autoritätsfiguren, Ärzte, Hochschullehrer, allgemein Wissenschaftler, aber auch Geistliche und die Angehörigen einiger anderer Berufsgruppen. Sie genießen in unserer Gesellschaft einen hohen Status. In den Medien treffen Sie auf Heerscharen von Experten. Diese erklären dem staunenden Zuschauer die Welt. Wenn ein Flugzeug abstürzt, wollen wir wissen, wie es dazu kommen konnte, uns interessiert, welches die beste Strategie ist, um den Euro zu retten oder wie die aktuelle Regierungskrise am besten bewältigt werden kann. Die dafür kompetenten Fachleute treffen wir in den Medien. Sie zeichnen sich vor allem dadurch aus, dass sie auch schwierige Sachverhalte einfach erklären können. Zuschauer lieben diese Experten.

Es handelt sich allerdings nicht immer um echte Experten – also um Wissenschaftler, die aus der Sicht ihres Fachs auch tatsächlich zu den Besten gehören. Meist geht es hier mehr um die mediale Wirkung als um echte Kompetenz. Da sitzen dann häufig Fachjournalisten oder Feuilletonprofessoren, die über Nacht zum Experten für alles werden, was ungefähr mit ihrem eigentlichen Thema in Verbindung gebracht werden kann. Und Sie als Zuschauer, Zuhörer und Leser haben einen ganz klaren Nachteil – Sie können kaum überprüfen, ob der Experte wirklich ein Experte ist und ob sein Wissen tatsächlich dem besten Wissen des Fachs entspricht. Kompetenz ist gut, doch vielen Medien ist wichtiger, dass der befragte Experte knackig formulieren kann und dass er bekannt ist. Experten werden so zu einer Marke, auf die viele Journalisten gerne zurückgreifen.

Der Informationsdienst Wissenschaft e.V. ist eine gemeinnützige Organisation, die auf einer Internetplattform Informationen aus mehr als 800 wissenschaftlichen Einrichtungen bereitstellt. Eine spezielle Einrichtung ist der Experten-Makler, der Journalisten Informationen von und den Kontakt zu Fachleuten aus den angeschlossenen Einrichtungen anbietet: »In fast allen Fällen kommen Sie binnen Tagen oder sogar Stunden in Kontakt mit den gesuchten Wissenschaftlern. Oft sind gleich mehrere Fachleute bereit, Rede und Antwort zu stehen, einen Gastbeitrag zu schreiben oder ins Studio zu kommen.« An diesem Angebot und seiner Popularität erkennen Sie die Bedeutung, die solche Experten heutzutage für die Medien haben. Wissen ist Macht!

Manchen Experten wird auch vorgehalten, dass sie sich zu allen denkbaren Themen äußern, egal welchen, Hauptsache, sie sind in den Medien vertreten. Solche Meister der öffentlichen Präsenz sind beispielsweise Peter Sloterdijk, Bert Rürup oder Jürgen W. Falter. Auch stellt sich dabei manchmal die Frage, ob sie bei so starker Medienpräsenz, öffentlichen Vorträgen und Beraterjobs tatsächlich die nötige Zeit finden, noch selber zu forschen oder wenigstens die aktuelle Forschung wahrzunehmen und kritisch zu würdigen. Den Göttinger Politologen Franz Walter und Bassam Tibi wurde sogar vom Präsidenten ihrer Hochschule vorgeworfen, durch ihr umfangreiches Engagement als »Feuilletonprofessoren« zu wenig Zeit für ernsthafte Wissenschaft aufzuwenden.

Auch sind nicht alle Experten so neutral, wie man es theoretisch ja von Wissenschaftlern erwartet. Der Arbeitsmarktexperte aus der SPD-nahen Stiftung wird andere Meinungen zum Mindestlohn vertreten als sein gleichermaßen mit akademischen Weihen versehener Kollege aus einem konservativen, der Wirtschaft nahestehenden Think Tank. Auch Analysten von Banken oder den in den Medien notorisch vertretenen Chefvolkswirten können wir nicht unbedingt Unabhängigkeit von den Interessen der sie beschäftigenden Institute unterstellen.

Wenn Sie berühmt sind, reicht es oft schon aus, wenn Sie sich ein wenig mit einem Thema befassen. Die kolumbianische Popsängerin Shakira hat die Stiftung »Pies Descalzos« (»Nackte Füße«) gegründet, die sich für benachteiligte Kinder einsetzt. Ohne jeden Zweifel sehr lobenswert.

Ob das die Sängerin allerdings für ein anderes Amt ausreichend qualifiziert, bleibt bei aller Bewunderung doch fraglich: Präsident Barack Obama hat sie zu einer seiner Bildungsberaterinnen ernannt. Shakira wird einer Kommission angehören, die sich mit der Frage der Bildung der hispanischstämmigen Minderheit in den USA befasst, ließ das Weiße Haus wissen.

Die von den Medien zu wahren Könnern ihres Fachs stilisierten Experten sind nicht immer wirkliche Meister. Professor Dr. Dr. med. habil. Werner Mang ist nach eigenem Bekunden der beste Schönheitschirurg Europas. Das sehen auch BILD (»Schönheitspapst«), Brigitte und andere bunte Blätter so. Zu Themen der ästhetischen Chirurgie fragen sie gerne ihn. Werner Mang ist einer, der sich häufig und geschickt mit Prominenten umgibt und diese anscheinend auch operiert. Auf seiner Internetseite lobt er sich als Autor von Standardwerken auf dem Gebiet der plastisch-ästhetischen Chirurgie und zählt sich zu den Top Ten der ästhetischen Chirurgen der Welt. Peter Vogt, auch promoviert und habilitiert, Professor an der Medizinischen Hochschule Hannover und zudem Präsident der chirurgischen Fachgesellschaft (DGPRÄC – Deutsche Gesellschaft der Plastischen, Rekonstruktiven und Ästhetischen Chirurgen), sieht das etwas anders. Er kennt keine Top-Ten-Liste, und bei seiner Kenntnis der Standardwerke der Plastischen Chirurgie stellt er kategorisch fest: »Ein Buch von Mang würde ich da aber nicht hinzuzählen«.

Unser Thema hat eine weitere Dimension: Experten sind sich keineswegs immer einig: Im März 2009 wurden Interviews mit Hans Joachim Schellnhuber veröffentlicht. Herr Schellnhuber ist der Chef des Potsdam-Instituts für Klimafolgenforschung und wird als solcher von den Medien auch gerne als »Klimapapst« bezeichnet. Er verkündete, dass man nun dank neuer wissenschaftlicher Modelle wisse, dass bei in bisherigem Tempo fortschreitender Erwärmung in 100 Jahren alle Himalaja-Gletscher verschwunden sein dürften.

Alexander Hübner ist Geschäftsführer des Instituts für Wetter- und Klimakommunikation. Er beschreibt die Möglichkeiten von Klimaprognosen kritischer: »... da werden unsere technischen Möglichkeiten weit überschätzt. Überlegen Sie mal: Wir brauchen, allein um das Wetter von morgen für Hamburg, Osnabrück oder Wernigerode vorhersagen zu können, Daten aus der ganzen Welt. Die Rechner füllen ganze Lagerhallen. Alle sechs Stunden werden neue Modellergebnisse berechnet. Und die können alle sechs Stunden ganz anders aussehen, weil das Wetter so komplex ist.« Wer hat Recht? Der Experte ... oder der Experte?

Im April 2009 schlug die Weltgesundheitsorganisation Alarm. Der H1N1-Virus stand vor der Tür – und dieser neuartige Grippevirus würde Millionen infizieren und Hunderttausende nicht Geimpfter als Todesopfer fordern. Die meisten Experten waren sich einig. Shin Young-Soo, Direktor der Weltgesundheitsorganisation WHO, fasste die Meinung zusammen: »Ab einem gewissen Punkt wird es so scheinen, als gebe es eine Explosion der Fallzahlen. Es ist sicher, dass es viel mehr Fälle und viel mehr Tote geben wird.« Eine gewaltige Impfkampagne lief an. Doch nur wenige Deutsche ließen sich impfen. Und die Seuche verlief glimpflich. Weltweit starben 16 500 Menschen, weit weniger als an der üblichen saisonalen Grippe. Im Sommer 2010 wurde die Pandemie offiziell für beendet erklärt. Rund 30 Millionen Impfdosen blieben übrig, die geschätzten Kosten liegen bei 245 Millionen Euro. Die Macht der Experten führte zu erheblichen Ausgaben der Gesundheitssysteme, nicht zum Schaden der Hersteller von Impfstoff.

Es gibt viele solcher unfehlbarer Expertenurteile: »In der vorliegenden Wertung erweist sich Island als zukunftsfähigste Region Europas.« Das Berlin-Institut für Bevölkerung und Entwicklung stellte diese »Tatsache« im Sommer 2008 mit Nachdruck fest. Ab Herbst 2008 stellte sich die Lage ein wenig anders dar – Island war pleite. Im Frühjahr 2010, anlässlich des Ausbruchs des Eyjafjallajökull, witzelte dann die Welt im Internet über die zweifach beklagenswerte Situation der Insel: »Iceland misunderstood: They gave us ash, not cash.«

Auch Bill Gates, der unumstrittene Herrscher von Microsoft, sollte es besser wissen. Und doch formulierte er 2004: »In zwei Jahren wird das Spam-Problem erledigt sein.« Dabei werden allein in den USA rund 60 Billionen Spam-Mails pro Jahr verschickt, deren Kosten für die Volkswirtschaft der Vereinigten Staaten von Amerika auf 22 Milliarden Dollar geschätzt werden. Bill Gates glaubte allerdings auch 1989 noch fest daran, dass OS/2 das Betriebssystem der 1990er Jahre werden würde.

Sogar Kaiser können irren: 1990 befand Franz Beckenbauer, der unangefochtene Fußball-Kaiser der Deutschen: »Es tut mir leid für den Rest der Welt, aber wenn jetzt nach der Wiedervereinigung demnächst auch noch all die Fußballer aus dem Osten dazukommen, wird diese Mannschaft auf Jahre hinaus nicht zu schlagen sein.« Diese deutsche Unbesiegbarkeit dauerte dann lediglich knappe zehn Monate an.

Für die in den Medien vertretenen Experten ist noch ein anderer Effekt von Bedeutung: Je näher uns eine Quelle steht, desto größer ist ihre Wirkung. Die Medien bringen uns die Experten sehr nahe. Sie sitzen vom Fernseher aus quasi in unserer Mitte im Wohnzimmer. Das häufige Erscheinen in den Medien sorgt für eine Steigerung des sozialen Einflusses.

Für den Experten wirkt zudem der »Halo-Effekt«. Der beschreibt das Phänomen, dass wir uns von isolierten, aber prägnanten Merkmalen besonders stark beeinflussen lassen. Die Gesamtbeurteilung des Menschen verschiebt sich dann entsprechend in eine positive oder negative

Richtung. Stößt der Bewerber im Gespräch beispielsweise seine Kaffeetasse um, dann werden wir diese Person insgesamt als ungeschickt beschreiben. Das ist auch einer der Gründe, warum es eben doch wirkt, wenn Steffi Graf uns Nudeln und Sauce empfiehlt, Boris Becker eine Biersorte und Veronica Ferres den richtigen Mobilfunkanbieter. Alle diese Menschen haben auf bestimmten Gebieten Hervorragendes geleistet und wir neigen dazu, ihnen darum auch Kenntnisse auf anderen Gebieten zuzuschreiben.

Unser Glaube an Autoritäten

Wir leben in einer komplexen Welt, die sich zudem ständig verändert. Und das in einem rasenden Tempo: Eines von acht verheirateten Paaren in den USA hat sich online kennengelernt. Die zehn im Jahr 2010 in den USA am stärksten nachgefragten Jobs existierten im Jahr 2004 noch gar nicht. Unser technisches Wissen verdoppelt sich alle zwei Jahre.

Viele von uns folgen daher gerne Autoritäten, speziell in Situationen, in denen wir nicht sicher sind. Autoritäten werden sogar ernst genommen, wenn sie sich auf vollkommen fremden Gebieten tummeln – wenn also Schauspieler Tabletten empfehlen oder Hautcreme oder wenn Tennisprofis für das richtige Bier oder die beste Nudelsauce werben.

Experten sind in Situationen von Unsicherheit immer gefragt. Aufgrund ihrer Expertise wird ihnen die Macht zugeschrieben, zukünftige Entwicklungen mit größerer Sicherheit vorhersagen zu können als Otto Normalverbraucher. Wir bemühen uns, diese sich exponentiell entwickelnde Zukunft vorherzusagen und sie dann zu planen. Wir wollen wissen, was uns erwartet. Die Zukunft zu erfahren bedeutet für uns, sie steuern und beherrschen zu können. Doch woran wollen wir uns orientieren? In unserer rational orientierten Gesellschaft nehmen wir gerne zu Experten und ihrem Wissen Zuflucht, dann wissen wir Bescheid. Unglücklicherweise sind in solchen Situationen auch Experten meist nicht klüger als der Rest der Bevölkerung. Experten liegen mit ihrem Wissen und mit ihren Prognosen immer wieder daneben: Das ist die ernüchternde Erfolgsbilanz von circa einer Million ausgebildeter Ökonomen auf diesem Planeten. Keiner hat die Finanzkrisen 2008 und 2011 vorausgesagt, geschweige denn deren weiteren Verlauf.

Wir selber leisten unseren Beitrag zu der Macht der Experten. Ihnen gegenüber scheinen viele auf selbständiges Denken zu verzichten, zumindest wenn sie sicher sind, erst einmal den richtigen Experten gefunden zu haben. Wir sind Expertenmeinungen gegenüber viel unvorsichtiger als gegenüber anderen Meinungen. Wir gehorchen Autoritäten selbst dort, wo es rational oder moralisch keinen Sinn ergibt.

Der amerikanische Psychologe Stanley Milgram ließ Versuchspersonen vorgeblich an einem Experiment zum menschlichen Lernen teilnehmen. Zwei Teilnehmer trafen sich mit dem Versuchsleiter im Labor. Der loste aus, wer zum Lernenden und wer zum Helfer des Versuchsleiters werden sollte. Die Versuchspersonen glaubten, das Ziel des Experiments wäre es, den Einfluss von Bestrafung auf das Lernen zu untersuchen. Der Lernende nahm im Nachbarraum Platz, der Helfer saß vor einer Apparatur, mit der er dem Lernenden Stromstöße verpassen konnte. Das sollte er immer dann tun, wenn der andere Fehler beim Lernen von Zahlenreihen machte. Der Lernende machte – absichtsvoll, aber unerkannt vom Helfer – immer wieder Fehler. Der Helfer wurde aufgefordert, dem Lernenden dafür Stromstöße zu verpassen, von ansteigender Stärke, bis hin zu 450 Volt. Und das trotz inständiger Rufe des Lernenden, aufzuhören. Der Helfer will immer wieder aufhören, wird aber durch den Versuchsleiter strikt aufgefordert, weiterzumachen. 65 Prozent der Teilnehmer an diesem Versuch waren bereit, dem Lernenden Schocks bis zu den tödlichen 450 Volt zu verpassen. Entscheidender Faktor für dieses Ergebnis ist die Anwesenheit des als Experte ausgewiesenen und durch einen Arztkittel zusätzlich autorisierten Versuchsleiters. Ohne seine Anwesenheit sind maximal 3 Prozent bereit, bis ans Limit zu gehen.

Dieser »Authority Bias« ist ein Problem. Bei manchen Fluggesellschaften hat er sogar zu Abstürzen geführt. Kopiloten scheuen sich, Fehler von Flugkapitänen zu korrigieren, oder sie tun dies nur zögerlich. Malcolm Gladwell beschreibt in seinem Buch *Outliers*, wie Autoritätshörigkeit den Absturz von Flugzeugen bewirkte. Als Beispiel benennt er Korean Airlines – die Fluglinie mit den bis Ende der 1990er Jahre meisten Flugzeugabstürzen weltweit. Und das, obwohl die Linie über moderne Flugzeuge und gut ausgebildete Piloten verfügte. Des Rätsels Lösung liegt in der koreanischen Kultur, in der Ältere und Höhergestellte Respekt verdienen. Ihnen darf nicht widersprochen werden. Aus dieser Haltung heraus wurden Fehler der Piloten vom Kopiloten nicht korrigiert. In mehreren Fällen hatten sich diese Fehler bis zu einem fatalen Absturz addiert. Nachdem die Quelle des Fehlers bei Korean Airlines erkannt wurde, konnte durch ein spezielles Training schnell gegengesteuert werden.

Eine besondere Autorität wird gerne einer sehr speziellen und für das Alltagsleben weitgehend sinnfreien Expertise zugebilligt. Kaum ein Schulfach erlebt zur Zeit einen solchen Aufschwung wie Latein. Auch Personalverantwortliche großer Unternehmen äußern sich gerne zu den ihrer Meinung nach geringfügigen, aber gleichwohl erkennbaren Vorteilen des Latinums bei einer Bewerbung. Ralf Memmel von Infineon lässt sich von der FAZ mit den Worten zitieren: »Wenn ich persönlich mir eine Bewerbung anschaue, dann springt mir das schon ins Auge.« Und Frank Schmitt von der Lufthansa legt nach: »Sich heute dem Studium und Erlernen des Lateins zu widmen, sagt auch etwas über einen Kandidaten, etwa seine Lerndisziplin, aus.« Herbert Dühr von RWE Power sieht das ähnlich: »Bei Akademikern kann ich ... nicht ausschließen, dass ein Latinum im Abiturzeugnis den Ausschlag für einen Bewerber geben kann.« Warum eigentlich Latein? Altgriechisch ist noch schwieriger zu lernen und die Beherrschung des Hebräischen setzt ebenfalls ein langjähriges Studium voraus. Diese Meinungen verwundern doppelt vor dem Hintergrund einer wissenschaftlich eindeutigen Befundlage. Elsbeth Stern ist Inhaberin des Lehrstuhls für Lehr- und Lernforschung an der Eidgenössischen Technischen Hochschule Zürich. Sie kann sich über die anscheinend immer noch vorhandenen Vorurteile in dieser Sache nur wundern. Die FAZ zitiert Elsbeth Stern mit dem Ergebnis ihrer Studien: »Ob jemand Latein gelernt hat oder nicht, sagt über einen Bewerber ungefähr so viel aus wie die Haarfarbe.« Sie hat nachgewiesen, dass Latein weder Vorteile für das logische Denken noch für das Erlernen von Fremdsprachen bringt. Zum Leidwesen aller Lateiner ließ sich sogar das Gegenteil belegen: »Latein ist ganz offensichtlich keine Grundlage für das Erlernen moderner Sprachen«.

Solche irrigen Glaubenssätze gibt es viele – ob es sich um Graphologie oder um Astrologie handelt. Es soll immer noch auch renommierte Unternehmen geben, in denen die Personalleiter die Handschrift von Kandidaten graphologisch beurteilen lassen oder die Sterndeuter mit dem Erstellen von Horoskopen beauftragen.

 WENN SIE MIT EXPERTEN ODER EXPERTEN-WISSEN KONFRONTIERT WERDEN

- Hinterfragen Sie den Hintergrund.
- Überprüfen Sie die qualitativen Voraussetzungen.

- Suchen Sie den kritischen Dialog – trauen Sie sich, nach Belegen und Beweisen zu fragen.
- Überprüfen Sie, ob die Schlussfolgerungen berechtigt sind.
- Fragen Sie: »Warum ist das so?« und: »Worauf stützen Sie Ihre Behauptungen?« Geben Sie sich mit der Aussage »Das ist gesichertes Fachwissen!« nicht zufrieden. Lassen Sie sich den Gedankengang und die zugrunde liegenden Annahmen erläutern.
- Prüfen Sie die ›Expertise‹ des Experten und stellen Sie auch diese gegebenenfalls zur Debatte.
- Fragen Sie nach, wer den Experten honoriert, bzw. wer die angeführte Untersuchung bezahlt hat.
- Bewegt sich der Experte auf dem Feld seiner Kompetenz?
- Wenn Sie selber Experten oder Expertenwissen einsetzen wollen, prüfen Sie die Kompetenz oder Stichhaltigkeit kritisch anhand der oben genannten Fragen.

Wie Sie Ihre eigene Expertise ausbauen

Wenn Sie Ihrerseits Ihre Macht als Experte auf- und ausbauen wollen, ist Kompetenz auf einem relevanten Themenfeld ganz sicher von Vorteil. Die Bedeutung des Themenfelds wird von dem Umfeld Ihres beruflichen Handelns abhängen. Ihre Expertise sollte sich entweder auf ein seltenes, aber gesuchtes Feld konzentrieren oder Sie müssen schon ganz besondere Kompetenz nachweisen können, die Ihnen Vorrang vor anderen Experten sichert, zumindest in Ihrem Unternehmen. Dazu sind einschlägige Publikationen, Mitgliedschaften in Gremien und Ausschüssen und stützende externe Stimmen ein absolutes Muss. Wenn Sie es in die Medien schaffen, wird kaum jemand noch Ihr fachliches Können anzweifeln. Expertentum ist ganz sicher von Vorteil. Anerkannte Expertise bedeutet, dass Sie gerufen und gehört werden – und bietet Ihnen damit die Möglichkeit, auch in Handlungsfeldern außerhalb Ihres eigentlichen Machtbereichs Ihre Stimme zu erheben.

Erwerben Sie echtes Wissen – kein Jodeldiplom. Achten Sie auf die Grenzen Ihres Wissens – sichern Sie Ihrer eigentlichen Expertise dann aber auch entsprechendes Gehör.

WENN SIE MACHT DURCH EXPERTISE ERWERBEN ODER AUSÜBEN WOLLEN

- Erwerben Sie fundiertes Wissen.
- Halten Sie Ihr Wissen auf dem neuesten Stand.
- Suchen Sie nach einem relevanten Kompetenzfeld.
- Suchen Sie sich einen geeigneten Sponsor oder Unterstützer.
- Zeigen Sie Nutzen für Ihr Unternehmen durch relevante Erfolge.
- Kommunizieren Sie Ihre Kompetenz und deren Wert.
- Demonstrieren Sie Ihr Wissen auch auf externen Handlungsfeldern.

Suchen Sie sich das Feld für Ihr Expertentum sorgfältig und mit Blick in die Zukunft aus: Wo wird sich Ihr Unternehmen zukünftig betätigen? Auf welche Themen legt der neue Vorstandsvorsitzende besonderen Wert? An welchen Stellen drohen besondere Risiken vom Markt oder von Wettbewerbern? Wo gibt es bisher wenig oder keinen Sachverstand im Unternehmen? Wo lässt sich für Ihr

Unternehmen zukünftig das meiste Geld verdienen? In welchem Feld können Sie mit den größten Ressourcen rechnen? Wo sind die wichtigsten »Player« im Unternehmen versammelt?

Kritisch kann es werden, wenn Ihr Unternehmen sich neu ausrichtet. Bayer verändert unter dem neuen Vorstandsvorsitzenden Dr. Marijn Dekkers seine Forschungsstrategie im Pharmabereich; das bedeutet für ganze Forschungsgruppen das Aus und für andere freie Bahn.

11 MACHT UND KARRIERE
Von richtig bis wichtig

Auf dem Weg zum Erfolg

Nicht alle machen Karriere – die Mehrheit scheitert vor dem Erreichen der ersehnten Position. Wo geht es also lang auf dem Weg in den Chefsessel? Wie erreichen Sie die angestrebte Macht?

Am leichtesten geht es, wenn Sie ein Unternehmen erben oder übertragen bekommen. Das hat schon manchen Sohn und manche Tochter ganz nach oben befördert. Nicht immer hat das Unternehmen davon profitiert und oft genug sind auch die überforderten Nachfolger wenig glücklich mit der neuen Verantwortung. Es gibt eine Vielzahl erfolgreicher Nachfolger und es gibt eine Vielzahl gescheiterter – wen von beiden Sie in der Presse finden, hängt immer von der Ausrichtung des Artikels ab. Wollen Journalisten über erfolgreiche Frauen in Führungspositionen schreiben, schildern sie gerne Beispiele wie die Trumpf-Chefin Nicola Leibinger-Kammüller oder Simone Bagel-Trah an der Spitze von Henkel. Wenn Sie zu diesem privilegierten Kreis gehören, brauchen Sie die folgenden Hinweise nicht.

Für alle anderen heißt es: Aufgepasst! Wenn man Profis fragt, sind die Antworten recht klar. Wer es zu etwas bringen will, muss sich vermarkten können. Studium, MBA und Auslandserfahrung haben mittlerweile viele. Natürlich spielt auch Glück eine Rolle. Man kann Glück haben, die richtige Aufgabe übertragen zu bekommen. Für den Erfolg entscheidend ist schon im Vorfeld, sich für diese oder ähnliche Aufgaben zu bewerben – durch Auftreten und Wirkung, durch Kompetenz und durch Sichtbarkeit in der Menge der möglichen Kandidaten. Und dann müssen Sie natürlich darauf vorbereitet sein, die Aufgabe tatsächlich gut zu bewältigen.

Wenn wir die Eignungsdiagnostik befragen, dann gehört zu einem erfolgreichen Menschen die notwendige Portion Führungsmotivation. Menschen, bei denen diese Eigenschaft stark ausgeprägt ist, sind zu zwei Dritteln beruflich auch entsprechend erfolgreich. Von Menschen mit geringer Führungsmotivation ist das nur jeder Fünfte. Führungsmotivation wird als ausgeprägte Motivation beschrieben, andere Menschen zu beeinflussen und zu Handlungen zu motivieren, die sie aus eigenem Antrieb nicht unbedingt ausführen würden, sowie als starke Bevorzugung von Führungstätigkeiten.

Abraham Maslow beschreibt in den oberen Ebenen seiner Motivationspyramide die Motivierung durch das erfüllte Bedürfnis nach Macht. Macht definiert er als das Bedürfnis, andere Menschen beziehungsweise deren Handeln zu kontrollieren. Je mehr dieses Bedürfnis erfüllt wird, umso mehr Zufriedenheit tritt bei dem Kontrollierenden ein.

Ebenfalls in diesem gedanklichen Rahmen bewegt sich McClelland mit seiner Motivationstheorie. Im Mittelpunkt seiner Theorie steht das Leistungsbedürfnis, gepaart mit dem Bedürfnis, Misserfolge zu vermeiden. Leistungsverhalten setzt sich demnach aus vier Grundmotiven zusammen: aus dem Leistungsmotiv (Begeisterung für die Arbeit), dem Machtmotiv (das Handeln anderer kontrollieren zu können), dem Zugehörigkeitsmotiv (Kontakt zu haben, zu einer Gruppe zu gehören) und dem Vermeidungsmotiv (Vermeidung von Ablehnung und Misserfolg).

McClelland stellt fest, dass Menschen mit einem hohen Maß an Leistungsmotivation immer dann erfolgreich sind, wenn es darum geht, sich eigenständig Ziele zu setzen und diese zu erreichen. Typisch ist das Interesse an Aufgaben, die durch ein hohes Maß an Eigenverantwortung gekennzeichnet sind. Das Machtmotiv wird in dem Wunsch sichtbar, diese Macht anderen Personen gegenüber auch anwenden zu können. Der Machtmotivierte will erleben, wie seine Anweisungen befolgt werden, wie er mit seinen Entscheidungen das Handeln anderer Menschen beeinflussen kann. McClelland unterscheidet zwischen personalisierter Macht (»p power«) und sozialisierter Macht (»s power«).

Personen mit einem starken Streben nach Zugehörigkeit hingegen wollen Mitglieder einer Gruppe sein, sie bevorzugen Situationen mit wenigen Konflikten und wenig Wettbewerb. Das Vermeidungsmotiv beschreibt den Wunsch, die Wahrscheinlichkeit von Misserfolg, Versagen oder Ablehnung möglichst zu verringern.

Allgemein gilt: wichtig sind zunächst Bedeutung, Wissen, Erfahrungswissen und dergleichen mehr – doch je höher jemand steigt, desto wichtiger werden persönliche Kompetenzen, Soft Skills, strategische Wahrnehmung, Umsetzungswillen, die Fähigkeit, schnell lernen zu können, Flexibilität.

Gute Schulnoten lassen einen guten Studienabschluss erwarten und sind oft genug auch geeignete Kriterien, um einen guten Start in den ersten Berufsjahren vorherzusagen. Für den Karriereerfolg sind sie als Prognosekriterien nur wenig geeignet.

Natalie Jacquemin, Personalberaterin in Düsseldorf, stellt dazu kategorisch fest, dass deutsche Personalabteilungen »einen zu starken Fokus auf die Kompetenzen eines Menschen« legen, »doch je weiter hoch man in der Hierarchie geht, desto wichtiger wird die Persönlichkeit«. Magnus Graf Lambsdorff von Egon Zehnder International stützt diese Einschätzung. Nach seiner Erfahrung kommen diejenigen ganz nach oben, die sich Geltung verschaffen wollen und versuchen, Dinge zu bewegen. Ihnen ist Einfluss wichtig. Wenn diese Menschen es schaffen, ihr großes Ego den Zielen des Unternehmens anzupassen, steht ihrer Karriere wenig im Weg. Berufserfolg über eine gewisse Ebene hinaus ist mit dem Machtmotiv eng verbunden.

Zu den Bedingungen einer erfolgreichen Karriere und damit eines Weges in eine Machtposition zählen neben einer guten Ausbildung und idealerweise entsprechenden Voraussetzungen aus dem Elternhaus vielleicht noch eine Promotion; auf jeden Fall aber ein Job, bei dem Sie schnell für die relevanten Entscheider im Unternehmen sichtbar werden. Das kann ein Posten als Vorstandsassistent sein, eine Leitungsaufgabe in einem wichtigen Projekt oder direkte Kontakte mit der Topebene als externer Berater. Einige oder sogar mehrere dieser Karrieremodule haben alle Vorstände auf dem Weg ganz nach oben absolviert.

Sie sollten im Unternehmen eine Aufgabe mit ausreichender Kontrolle über Ressourcen wahrnehmen, zum Beispiel im Vertrieb, Einkauf oder im Finanzressort. Sie sollten schnell danach streben, Mitarbeitende zu führen. Ein paar Jahre im Ausland mit intensiv gepflegten Kontakten zur Zentrale sind in großen Unternehmen meist nützlich. Achten Sie darauf, an einem Projekt teilzunehmen, das die besondere Aufmerksamkeit eines Vorstands genießt, am besten in leitender Funktion.

Da unsere Persönlichkeit zeit unseres Lebens im Wandel ist, sollten wir uns die Freiheit nehmen, uns kontinuierlich zu entwickeln. Fragen Sie sich immer wieder nach Ihren Zielen und stellen Sie sich der Aufgabe, offen für neue Erfahrungen und für entsprechende Veränderungen zu sein. Unternehmen verlangen das unter der Überschrift »Lifelong Learning Experience« von allen Mitarbeitenden.

Ein gutes Beispiel ist vielleicht Hubert Schwarz, ein deutscher Extremsportler und Inhaber mehrerer Weltrekorde, der die ersten elf Jahre seines Berufslebens als Jugendpfleger arbeitete. Nach dem Scheitern seiner ersten Ehe entdeckte er das Laufen und Radfahren für sich und entschied sich im doch schon recht stolzen Alter von 36 Jahren dafür, in das Lager der Profis zu wechseln. Professor Dr. Ursula Staudinger, Leiterin des Jacobs Center on Lifelong Learning und Vizepräsidentin der Jacobs University Bremen, erforscht seit langem das Entwicklungspotenzial von Menschen. Zwei wesentliche Faktoren scheinen die Entwicklung von Menschen über die Zeit hinweg zu bestimmen: Resilienz und Wachstum.

Resilienz bedeutet Widerstandskraft und bezeichnet vor allem unsere Motiviertheit und unsere Fähigkeit, mit Krisen umzugehen. Bedingung erfolgreicher Veränderungen ist die bewusste Neugestaltung der Wahrnehmungs- und Handlungsmuster. Die innere Haltung einer Führungskraft zeigt sich darin, wie sie mit Krisen oder Schocks umgeht. Phasen der Turbulenz sollten positiv als Herausforderung begriffen werden. Dabei sind Fehler ausdrücklich erlaubt – Wachstum bedeutet, aus diesen Fehlern zu lernen und entsprechend Konsequenzen zu ziehen.

Schöpfen Sie Mut aus den Ergebnissen neuerer Forschungen, die uns zeigen, dass die Persönlichkeit auch bei Erwachsenen durchaus noch wandelbar ist. Wesentliche Triebfedern einer solchen Entwicklung sind eine starke Motivation zur Veränderung, die Definition klarer Ziele und das konsequente Handeln. Schreiben Sie Ihr eigenes Drehbuch für Ihre Karriere.

Rühren Sie die Werbetrommel – vermarkten Sie sich selbst

Professor Wolfgang Meyerhofer von der Wirtschaftsuniversität Wien bringt eine weitere Perspektive ins Spiel: Er untersuchte die Auswirkungen des alltäglichen Verhaltens auf die berufliche Entwicklung. Beziehungsarbeiter und Selbstinszenierer steigen schneller auf und verzeichnen größere Zuwächse an Einkommen. Die Plausibilität stützt diese These: Da viele gut sind, können Sie nur durch gezielte Selbstvermarktung relevante Entscheider auf sich aufmerksam machen. Diese Selbstüberzeugung und diese Lust, sich selber an der Rampe nach vorne zu spielen, sind treibende Kräfte des Erfolgs.

Gefährlich wird das Ego, wenn es eine übertriebene Rolle spielt. Dann werden Sie schnell vom erfolgreichen Unternehmenslenker zum »Bonus-Boy«. So titulierte der Spiegel den Ex-Bertelsmann und Ex-Arcandor-Chef Thomas Middelhoff. Von einem großartigen Buchgeschenk im Rechnungswert von 150 189 Euro und 55 Cent netto für Mark Wössner, seinem Förderer bei Bertelsmann, berichtet uns der Artikel. Der Betrag ging natürlich zu Lasten von Arcandor. Da wird von Charterflügen auf Strecken von weniger als 100 Kilometern Distanz berichtet, allein über 4,7 Millionen Euro wurden von dem damals schon notleidenden Konzern Arcandor an die für solche Transporte bevorzugte Challenge Air gezahlt. In seiner Klageschrift bezeichnet ihn der Insolvenzverwalter Klaus Hubert Görg deswegen als gierigen und gewissenlosen Manager, der die Kasse ohne Rücksicht auf die Notlage seines Unternehmens geplündert hat.

Zu derart exzessivem Verhalten kommt es bei den überdurchschnittlich erfolgreichen Führern großer Unternehmen in der Regel nicht. Normal sind die vielen erfolgreichen Führungskräfte, die ihr Selbstbewusstsein mit vollem

Recht auf ihren beruflichen Erfolgen aufbauen. Und die Öffentlichkeit nutzen, um für sich, für ihr Unternehmen und für ihre Ideen zu werben. Tue Gutes und sprich darüber. Nur so erfahren andere davon. Das manager magazin berichtet beispielsweise von Herbert Detharding, langjähriger Vorstandsvorsitzender der BASF-Tochter Wintershall: »Eitelkeit sei ihm fremd, Statussymbole bedeuten ihm nichts, sagt er. Selbst als CEO habe er dienstlich lange Zeit die Mercedes E-Klasse gefahren ... Aber wenn es um den Erfolg seiner Arbeit geht, gibt es klare Ansagen: Das Unternehmen sei unter seiner Leitung ›um Größenordnungen besser‹ geworden, das operative Ergebnis von 100 Millionen auf 2,5 Milliarden Mark gestiegen«. Wahrhaft beeindruckend.

Zum Thema Selbstmarketing schrieb Johanna Zugmann den Bestseller *Die Ich-Aktie*: »Sehen Sie sich als Wertpapier für Ihre Karriere.« Optimierung und Selbstmarketing als Investment auf Lebenszeit in die eigene Zukunft. Die Beurteilung Ihres Marktwertes nehmen andere vor, Sie bestimmen aber das Angebot, das diese bewerten. Steigern Sie Ihren Marktwert gezielt – durch Unternehmertum in eigener Sache.

Erkennen Sie den eigenen Wert und kommunizieren Sie diesen. Das gehört zu Ihrem normalen Tagesgeschäft. Nur wenn Sie wahrgenommen werden, haben andere überhaupt die Chance, bei wichtigen Gelegenheiten an Sie zu denken. Positionieren Sie sich durch klare Versprechen – Leistung, Kompetenzen, Auftreten und Wirkung. Auf dem Weg zu Ihrer Karriere brauchen Sie ein Motto, das mit Ihnen verbunden wird. Die Menschen wollen wissen, wofür Sie stehen. Stichworte sind beispielsweise ausgleichende Integration, strategisches Denken oder Kostenbewusstsein. Vorstandschefs geben solche Nutzenversprechen der besonderen Art.

Jede eindeutige Positionierung wird im Wettbewerb mit anderen stattfinden. Ob es der Vorgesetzte ist, der Ihre

Kompetenz oder Zuständigkeit für ein Thema in Frage stellt, oder ein Kollege, der genau wie Sie Ansprüche erhebt. Aufmerksamkeit für Ihre Leistungen führt zu Neidern, die Ihnen den Platz im Rampenlicht nicht gönnen oder sogar aktiv streitig machen werden. Selbstmarketing heißt kommunizieren, für welche Themenfelder Sie kompetent sind. Das sollte am besten über den gewohnten Bereich hinausgehen. Erschließen Sie sich neue Märkte, zeigen Sie, was Sie über das gewohnte Maß hinaus leisten können und wollen – und stellen Sie Ihre Möglichkeiten ins Schaufenster: Veröffentlichungen, Lehraufträge, Interviews oder Ihr Engagement in Verbänden und Institutionen sind Beispiele aus einer breiten Palette von Möglichkeiten.

Gestalten Sie sich und Ihre Möglichkeiten zur Marke, denn Marken haben Macht und entwickeln Wiedererkennungswert. Apple oder Coca Cola müssen ihre Leistungen nicht mehr begründen, sie haben große Strahlkraft aus der Marke heraus. Sie inspirieren damit das Vertrauen in ihre Leistung. Als Marke wirken Sie mit Ihrer Persönlichkeit prägnanter und können erfolgreicher sein. Der Prozess der Gestaltung als Marke für die eigene Person wird auch als self-branding bezeichnet. Grundlegend ist die Idee, Ihre Persönlichkeit prägnant zu beschreiben und dadurch sichtbarer zu sein. Wenn es Ihnen gelingt, das Besondere an Ihrer Persönlichkeit fokussiert darzustellen, erreichen Sie dieses Ziel verbesserter Sichtbarkeit, Sie werden als kompetenter wahrgenommen und werden letztlich erfolgreich.

Stellen Sie sich strategische Fragen zur Bestandsaufnahme: Was können Sie, was wissen Sie, was leisten Sie – besser als andere? Was hebt Sie von anderen ab? Warum will man mit Ihnen zusammenarbeiten oder für Sie arbeiten? Warum sind Sie wertvoll für das Unternehmen?

Dann machen Sie den nächsten Schritt und beschreiben die wichtigen Elemente Ihrer Marke – was ist Ihr Markenzeichen? Wie lautet die Kernbotschaft zu Ihrem Leistungsspektrum? Wie stützen Sie das Erscheinungsbild Ihrer Marke? Steve Jobs wäre schlechterdings anders als mit Rollkragenpullover nicht vorstellbar. Gibt es ein bestimmtes Merkmal, mit dem Sie einen besonderen Akzent setzen können? Gibt es Situationen, Begebenheiten, Geschichten oder Bilder, die Ihre Marke illustrieren können? Menschen lieben Storys, nichts ist so überzeugend und nichts erinnern wir so gut wie eine gute Geschichte.

Jeder von uns hat eine bestimmte Wirkung auf andere Menschen – positiv oder nicht, das ist individuell sehr unterschiedlich. Welche Wirkung haben Sie auf andere? Wollen Sie Ihre Wirkung verbessern? Unser Selbstbild wird immer davon abweichen, wie andere uns sehen. Sie haben im Lauf der Jahre ein – hoffentlich positives – Bild von sich entwickelt. Sie kennen Ihre Handlungsmotive. Nur begrenzt zugänglich ist uns allerdings ein wesentlicher Teil unserer Wirkung auf andere. Die soziale Rückmeldung über das Feedback ist unsere einzige qualifizierte Möglichkeit, zu erfahren, wie andere uns sehen. Wir können aus solchen Informationen lernen, uns in Situationen geschickter zu verhalten. Wir lernen etwas über die Wahrnehmungen und die Gefühle anderer Menschen. Damit erst wird soziales Lernen möglich. Solche Rückmeldungen erleben wir in vielen Situationen, nicht immer positiv und nicht immer willkommen. Lob und Kritik sind Feedback, auch die Körpersprache unserer Gesprächsteilnehmer, Einladungen zu Gesprächsrunden oder das Ausbleiben eines erbetenen Rückrufs.

Gute Rückmeldung ist konstruktiv. Das heißt, sie ist so formuliert, dass wir auch tatsächlich daraus lernen können. Vielleicht erhalten wir sogar Hinweise darauf, was wir verändern könnten. Die Fähigkeit zur guten Rückmeldung setzt scharfe Beobachtung und Einfühlung in den Handelnden voraus. Feedback anzunehmen zeigt Interesse und Lernbereitschaft. Konsequente Selbstreflexion ist eine wesentliche Übung, um sich richtig zu positionieren.

ERWERBEN UND BEWAHREN SIE MACHT

- Sichern Sie sich die nötigen Ressourcen.
- Werden Sie zum Experten für ein wichtiges Fachgebiet oder ein zentrales Thema.
- Kultivieren Sie Ihre Netzwerke.
- Verschaffen Sie sich Zugang zu wesentlichen Informationen.
- Entwickeln Sie Charisma – arbeiten Sie an Ihrem Auftreten und Ihrer Wirkung.

Macht wird im Verhalten sichtbar. Einige Spielregeln können Ihnen helfen, situative Macht zu zeigen. Sie entscheiden über die Dosis:

SO ZEIGEN SIE MACHT

- Macht braucht Hierarchie – Macht muss sichtbar werden
  - verschaffen Sie sich Klarheit über Ihre Position in der Rangordnung, füllen Sie die Position aus, Sie ist Ihre Position, bauen Sie sie aus.
- Unterstützen Sie die Wahrnehmung durch Signale
  - sorgen Sie für die richtigen Symbole wie Firmenwagen oder Budget, setzen Sie diese gezielt ein.
- Lassen Sie es andere wissen
  - woran Sie arbeiten und wie erfolgreich Sie dabei sind. Wichtige Entscheidungsträger müssen erfahren, dass Sie Leistung bringen.
- Kämpfen Sie um wichtige Aufgaben
  - erfolgreich bewältigte Aufgaben mit überschaubarem Risiko, hohem Prestige und der Aufmerksamkeit des Topmanagements sind wichtige Bausteine für jede Karriere.

- Gehen Sie gezielt nützliche Allianzen ein
  - alleine werden Sie es nicht schaffen, Sie brauchen ein Netzwerk.
- Machen Sie sich bemerkbar
  - beziehen Sie Stellung, sprechen Sie laut und deutlich, kein Meeting ohne einen qualifizierten und pointierten Beitrag.
- Wichtige Besprechungen bereiten Sie vor
  - sprechen Sie im Vorfeld mit den wichtigsten Meinungsträgern, sorgen Sie für abgestimmte Meinungen, bevor es zum Showdown in der Sitzung kommt.
- Unterstützen Sie Ihre Aussagen durch Ihre Körpersprache
  - nehmen Sie den Ihnen gebührenden Raum ein
  - unterstreichen Sie Ihre Aussagen durch Gestik
  - nehmen Sie Blickkontakt auf
  - souveränes Lächeln und nachhaltige Freundlichkeit unterstützen die Sicherheit Ihres Auftretens
  - berühren Sie in passenden Situationen Ihr Gegenüber am Arm, um Aufmerksamkeit und Nähe herzustellen
- Nehmen Sie sich Zeit für Ihre Ausführungen
- Sprechen Sie laut und deutlich
- Sprechpausen sind ein Zeichen von Sicherheit und Souveränität
- Unterbrechen Sie gezielt mit einem wichtigen Kommentar
- Tragen Sie die richtige Kleidung und tragen Sie diese richtig

VIEL ERFOLG!

ANHANG

Autor

Reiner Neumann ist Diplom-Psychologe und gefragt als Trainer und Berater. Er arbeitet regelmäßig mit Vorständen, Geschäftsführern und Personen des öffentlichen Lebens. Reiner Neumann trainierte bis heute mehr als 15 000 Fach- und Führungskräfte aus zahlreichen Unternehmen der unterschiedlichsten Branchen und Größen, darunter auch viele DAX-Konzerne. Seit Jahren erhält er dabei durchgehend beste Bewertungen und Referenzen.

Drei Faktoren machen den Unterschied: die wissenschaftliche Fundierung, die umfangreiche Trainingspraxis sowie mehr als zehn Jahre eigene Erfahrung im Management im In- und Ausland.

Reiner Neumann verfügt über langjährige Berufserfahrung als Manager und als Berater, davon sechs Jahre im Ausland. Er war unter anderem Leiter Training Vertrieb und Service für das Siemens Coordination Center in Brüssel, Leiter Personalentwicklung und Ausbildung für die Hamburg-Mannheimer AG, Bereichsleiter bei Mummert und Kienbaum sowie Vice President der ABB Business Services in der Schweiz.

Partner für seine erfolgreichen Trainings sind Unternehmen, Hochschulen sowie Anbieter offener Trainings und Seminare.

Akademisch war Reiner Neumann nach dem Studium am Max-Planck-Institut für Bildungsforschung in Berlin und an der Ruhr-Universität Bochum tätig. Er hat Lehraufträge an Hochschulen und in MBA-Programmen von Business Schools.

Arbeitssprachen sind Deutsch, Englisch und Französisch.

Reiner Neumann veröffentlichte neben zahlreichen Fachartikeln mehr als zehn Wirtschaftsbücher bei renommierten Verlagen. Aktuelle Hanser-Titel sind »Souverän auftreten« (2009) und »Der Macht-Code« (2., erweiterte Aufl. 2009).

Literatur

Ackeren, M. van: »Ach, sagen Sie doch Herr Solms zu mir«. *Focus*, 17/2011, S. 140.
Alt, J. A: *Richtig argumentieren*. München: 2000.
Amann, M.: »Ein Mann macht sich weg«. *Frankfurter Allgemeine Sonntagszeitung*, 27.11.2011, S. 41.
Anderson, C., Galinsky, A.: »Power, optimism, and risk-taking«. *European Journal of Social Psychology*, 2006, Nr. 36, S. 511 – 536.
Anton, K.-H.: *Mit List und Tücke argumentieren*. Wiesbaden: 2001.
Argyle, M.: *Körpersprache und Kommunikation*. Paderborn: 1989.
Asch, S. E.: »Effects of group pressure upon the modification and distortion of judgements«, in: Guetzkow, H. (ed.): *Groups, leadership and men*. Pittsburgh: 1951.
Asch, S. E.: *Social psychology*. New York (N. Y.): 1952.
Aubuchon, N.: *The Anatomy of Persuasion*. New York: 1999.
Bandura, A.: »Influence of models' reinforcement contingencies on the acquisition of imitative responses«. *Journal of Personality and Social Psychology*, 1965, Nr. 1, S. 589 – 595.
Baring, A., zitiert aus: Ismar, G.: »Die unlauteren Methoden der Atomlobby«. *Weser Kurier*, 31.10.2011, S. 4.
Baron, R. A., Byrne, D.: *Social Psychology*. Boston: 1977.
Bauer, M., zitiert aus: »O2 und die Summe aller Einzelfälle«. *Frankfurter Allgemeine Zeitung*, 30.11.2011, S. 19.
Bauer, M., zitiert aus: Weiss, M.: »Renitente Blogger«. *Süddeutsche Zeitung*, 24.11.2011, S. 20.
Bauer-Jelinek, C.: *Die helle und die dunkle Seite der Macht*. Salzburg: 2009.
Beattie, G.: *Visible Thoughts: The New Psychology of Body language*. London: 2003.
Bentner, A., Beck, C. (Hrsg.): *Organisationskultur erforschen und verändern*. Frankfurt: 1977.
Blau, P.: *Exchange and Power in Social Life*. New York (N. Y.): 1964.
Bohlen, D., zitiert aus: Broder, H. M.: »Denn sie wissen, was sie tun«. *Der Spiegel*, Nr. 7/08, S. 80 – 82.
Böschen, M.: »Führungswechsel«. *manager magazin*, 11/2011, S. 150 – 151.
Boyes, R.: »Ein chronischer Doktoren-Überschuss«. Goethe.de, http://www.goethe.de/GES/MOL/TYP/DE3592589.HTM.
Brater, J.: *Keine Ahnung, aber davon viel*. (2. Auflage) Berlin: 2011.
Braun, R.: *Die Macht der Rhetorik*. Frankfurt: 2003.
Bredemeier, K., Neumann, R.: *Nie wieder sprachlos*. (5. Aufl.) Zürich: 1999.
Brehm, S. S., Kassin, S., Fein, S.: *Social Psychology*. Boston: 2005.
Brendl, E.: *Clever manipulieren*. Wiesbaden: 2001.
Brooks, R., zitiert aus: Gürke, B.: »Die Macht der britischen Medien«. *Weser Kurier*, 09.11.2011, S. 6.
Brooks, R., zitiert aus: Hoyng, H., Rosenbach, M.: »Wundersames Netzwerk«. *Der Spiegel*, 28/2011, S. 140 – 143.
Brooks, R., zitiert aus: Leithäuser, J.: »Schmusen mit Murdoch«. *Frankfurter Allgemeine Sonntagszeitung*, 19.07.2011, S. 7.
Brown, W. M. et al: »Fluctuating asymmetry and preferences for sex-typical Bodily characteristics«. *PNAS*, 2008, Nr. 105 (35), S. 12637 – 12638.

Carney, D.: »Defend Your Research: Powerful People Are Better Liars«. *Harvard Business Review*, 05/2010.
Carroll, L.: *Alice im Wunderland*. Frankfurt: 1963.
Cerwinka, G., Schranz, G.: *Die Macht des ersten Eindrucks*. Frankfurt: 1998.
Cerwinka, G., Schranz, G.: *Die Macht der versteckten Signale*. Frankfurt: 1999.
Cialdini, R. B.: *Influence. The Psychology of Persuasion*. New York (N. Y.): 1993.
Claasen, Utz., zitiert in: Alpha-Forum vom 08.10.2009, Bayerischer Rundfunk.
Coates: *Women, Men and Language*. Harlow: 2004.
Collins, J.: *Good to Great*. New York (N. Y.): 2001.
Cöln, C.: »Eine Verbindung fürs Leben«. *Karrierewelt*, 19./20.03.2011, S. 10 – 11.
Cook. K. S.: »Exchange and Power in Networks of Interorganizational Relations«. *The Sociological Quarterly*, 1977, Nr. (18), S. 62 – 82.
Crolly, H.: »Ist der Ruf erst ramponiert ...«. *Die Welt*, 03.02.2012, S. 5.
Cromme, G., zitiert aus: Dohmen, F.: »Das war nicht dreist«. *Der Spiegel*, 19/2010, S. 79.
Cunningham, M. R.: »Measuring the physical in physical attractiveness: Quasi experiments on the sociobiology of female facial beauty«. *Journal of Personal and Social Psychology*, 1986, Nr. 50, S. 925 – 932.
Daft, R. L.: *Organization Theory and Design*. St. Paul: 1988.
Dehnen, P. H.: *Der professionelle Aufsichtsrat*. Frankfurt: 2011.
Demarais, A., White, V.: *First Impressions*. New York: 2004.
Demmer, U.: »Die Ritter der Drachenburg«. *Der Spiegel*, 17/2011, S. 32 – 35.
Detharding, H., zitiert aus: Rust, H.: »Lob der Eitelkeit«. *manager magazin*, 12/2002, S. 184 – 192.
Dion, K. K., Berscheid, E., Walster, E.: »What is beautiful is good«. *Journal of Personal and Social Psychology*, 1972, Nr. 24, S. 285 – 290.
Dobelli, R.: *Die Kunst des klaren Denkens: 52 Denkfehler, die Sie besser anderen überlassen*. München: 2011.
Donnermuth, R., zitiert aus: »Zweiter Sieg für ›Team Germany‹«. FAZ.net, 29.08.2005, http://www.faz.net/aktuell/sport/mehr-sport/segeln-zweiter-sieg-fuer-team-germany-1254177.html.
Dunbar, R. I. M.: »Coevolution of neocortical size, group size and language in humans«. *Behavioral and Brain Sciences*. 1993, Nr. 16 (4), S. 681 – 735.
Dutton, K.: Flipnosis: *The Art of Split-Second Persuasion*. London: 2011.
Ekman, P.: *Telling Lies. Clues to Deceit in the Marketplace, Politics, and Marriage*. New York (N. Y.): 2009.
Ekman, P., Friesen, W. V.: *Unmasking the face*. Englewood Cliffs, N. J.: 1975.
Elliot, A. J., Niesta, D.: »Red Enhances Men's Attraction To Women, Psychological Study Reveals«. ScienceDaily.com, 29.11.2008, http://www.sciencedaily.com/releases/2008/10/081028074323.htm
Emerson, R.: »Power-Dependence Relations«. *American Sociological Review*, 1962, Nr. (27), S. 31 – 41.
FirstAffair, zitiert aus: »Ein Drittel der Deutschen hat Berufsverkehr« Bild.de, 05.10.2011, http://www.bild.de/unterhaltung/erotik/sex-studie/seitensprung-am-arbeitsplatz-20285992.bild.html.
Forgas, J. P.: *Soziale Interaktion und Kommunikation*. Weinheim: 1999.
Franck, G.: *Ökonomie der Aufmerksamkeit*. München: 1998
French, J. P. R. Jr., Raven, B.: »The bases of social power«, in: Cartwright, D., Zander, A. (eds.): *Group dynamics*. New York (N. Y.): 1960, S. 607 – 623.
Frey, S.: *Die Macht des Bildes*. Bern: 1999.

Friedrichs, J.: *Gestatten: Elite*. Hamburg: 2008.
Gerbert, F.: »Die Alpha-Faktoren«. *Focus*, 28/2006, S. 92–103.
Gladwell, M.: *The Tipping Point*. London: 2005.
Gladwell, M.: *Outliers. The Story of Success*. New York (N. Y.): 2008.
Goffee, R., Jones, G.: *The Character of a Corporation*. London: 2003.
Gouldner, A. W.: »The norm of reciprocity: A preliminary statement«. *American Sociological Review*, 1960, Nr. 25, S. 161–178.
Grant, C., zitiert aus: Schipp, A.: »Du siehst gut aus, Mann!«. *Frankfurter Allgemeine Sonntagszeitung*, 27.05.2011, S. 57.
Greene, R.: *Power. Die 48 Gesetze der Macht*. München: 2008.
Grenovetter, M. S.: »The Strength of Weak Ties«. *American Journal of Sociology*, 1973, Nr. 78, S. 1360–1380.
Gruenfeld, D., zitiert aus: Snyder, B.: »Differing Views Cultivate Better Decisions«. Stanford.edu, 15.05.2004, http://www.stanford.edu/group/knowledgebase/cgi-bin/2004/05/15/differing-views-cultivate-better-decisions/
Guggenberger, B.: *Einfach schön. Schönheit als soziale Macht*. München: 1997.
Guirdham, M.: *Interpersonal Skills at Work*. (2nd ed.) Hemel Hempstead: 1995.
Hakim, C.: *Erotisches Kapital. Das Geheimnis erfolgreicher Menschen*. Frankfurt: 2011.
Hamermesh, D. S.: *Beauty Pays. Why attractive people are more successful*. Princeton: 2011.
Hartmann, M., zitiert aus: Seitz, J., Hasselberg, S., Pawlak, C.: »Wo steht der Adel?« *Focus*, 17/2011, S. 135–137.
Hauser, U., Schreiber, T.: »Stellen Sie sich nicht so an!«. *Stern*, 22/2011, S. 96–102.
Heider, F.: *The Psychology of Interpersonal Relations*. New York (N. Y.): 1958.
Heitmeyer, W., zitiert aus: Das Gupta, O.: »Sie wähnen sich mit der Obrigkeit auf Augenhöhe.«. SZ-Online, 11.08.2011, http://www.sueddeutsche.de/politik/unruhen-in-england-warum-die-wut-waechst-1.1130430
Henzler, H., zitiert aus: Freisinger G.: »Gnadenlos seziert«. *manager magazin*, 10/2011, S. 114–116.
Hiesinger, H., zitiert aus: Schwarzer, U.: »Diktat der Etikette«. *manager magazin*, 10/2011, S. 134–138.
Hirschel, D., zitiert aus: Sachse, K.: »Papa öffnet die Türen«. *Focus*, 32/2004, S. 34–36.
Hoff, H.: »Wenigstens spottet der Pocher«. *Süddeutsche Zeitung*, 04.10.2011, S. 15
Höner, O. P. et al: »The fitness of dispersing spotted hyaena sons is influenced by maternal social status«. *Nature Communications* 1, 2010, S. 60.
Homans, G. C.: »Social Behavior as Exchange«. *American Journal of Sociology*, 1958, Nr. (63), S. 597–606.
Huber, M., zitiert aus: Halpert, M.: »Millionen für den Werner«. *Focus*, 39/2011, S. 46–49.
Hübner, A., zitiert aus: Füssler, C.: »Der verflixte 7. Tag«. *Die Zeit*, 20.04.2011, S. 34.
Hunold, J., zitiert aus: Flottau, J.: »Achims fliegende Freunde«. *Süddeutsche Zeitung*, 04.10.2011, S. 17.
Informationsdienst Wissenschaft e. V., http://idw-online.de/de/.
Kahnemann, D.: *Thinking, Fast and Slow*. New York (N. Y.): 2011.
Kaiser, S., Wassermann, A.: »Lecko mio«. *Der Spiegel*, 06/2012, S. 41.
Keltner, D.: »The Power Paradox«. Greatergood.berkeley.edu, 08/2007, http://greatergood.berkeley.edu/article/item/power_paradox

Kerber, M., zitiert aus: Schäfers, M.: »Markus Kerber soll dem BDI verschlossene Türen öffnen«. *Frankfurter Allgemeine Zeitung*, 11. Mai 2011, S. 16.
Klein, G.: *Sources of Power*. Cambridge (Mass.): 1999.
Klein, M., zitiert aus: Pennekamp, J.: »Nicht links, nicht rechts, sondern sexy«. *Handelsblatt*, 09.05.2011, Nr. 89, S. 20.
Kleist, H. von: *Der zerbrochne Krug*. Frankfurt: 2006.
Kluge, J., zitiert aus: Amann, S.; Tietz, J.: »Werte vernichtet«. *Der Spiegel*, 46/2011, S. 89.
Kluge, J., zitiert aus: B.K.: »Kluge verzichtet auf Vertragsverlängerung bei Haniel«. *Frankfurter Allgemeine Zeitung*, 09.11.2011, S. 15.
Kluge, J., zitiert aus: B.K.: »Auch Kluge unterliegt im Metro-Machtkampf«. *Frankfurter Allgemeine Zeitung*, 18.10.2011, S. 13.
Kluge, J., zitiert aus: Knop, C.: »Haniel schadet allen Familienunternehmen«. *Frankfurter Allgemeine Zeitung*, 09.11.2011, S. 11.
Kluge, J., zitiert aus: Ludowig, K.: »Haniel-Chef Kluge gibt auf«. *Handelsblatt*, 09.11.2011, S. 4.
Kluge, J., zitiert aus: Meck, G.: »Der tiefe Fall der Haniels«. *Frankfurter Allgemeine Sonntagszeitung*, 27.11.2011, S. 38.
Kluge, J., zitiert aus: Meck, G.: »Der Familienversteher«. *Frankfurter Allgemeine Sonntagszeitung*, 16.10.2011, S. 46.
Kluge, J., zitiert aus: Seidel, H.: »Das Regiment der Auslaufmodelle«. *Die Welt*, 10.11.2011, S. 14.
Koch, R.: *Die Power-Gesetze des Erfolgs*. Frankfurt: 2001.
Kohlenberg, K.: »Von oben geht's nach oben«. *Die Zeit*, 23.08.2007.
Kutschera, U., zitiert aus: Reiffert, S.: »Viel Macht, viel Sex«. Focus.de, 18.05.2011, http://www.focus.de/wissen/wissenschaft/evolution/evolutionsbiologie-viel-macht-viel-sex_aid_628716.html.
Lagerfeld, K., zitiert aus: Van Versendaal, D.: »Mode und Macht«. *Five to nine*, 03/2006, S. 31–33.
Lammers, J.: »When It Comes To Infidelity, Does Power Trump Gender«. Psychologicalscience.org, 26.04.2011, http://www.psychologicalscience.org/index.php/news/releases/when-it-comes-to-infidelity-does-power-trump-gender.html
Ledoux, J.: *Das Netz der Gefühle*. München: 2003.
Lehner, J. M., Ötsch, W. O.: *Jenseits der Hierarchie*. Weinheim: 2006.
Lepsius, O., Meyer-Kalkus, R.: *Inszenierung als Beruf*. Berlin: 2011.
Levine, S., White, P.: »Exchange as a Conceptual Framework for the Study of Interorganizational Relationships«. *Administrative Science Quarterly*, 1961, Nr. (5), S. 583–601.
Lichterbeck, P.: »Der Fluch des Goldes«. *Der Tagesspiegel*, 13.10.2011.
Lyle, J.: *Body Language*. London: 1990.
Maas, M.-C.: »Wir sind auch nur Menschen«. jetzt.sueddeutsche.de, 14.6.2011, http://jetzt.sueddeutsche.de/texte/anzeigen/526276.
manager magazin: »Regeln für die Überholspur«. *manager magazin*, Karriere 2011, 10/2011, S. 36–39
Maner, J., Gailliot, M., Butz, D., Peruche, B.M.: »Power, risk, and the status quo: Does power promote riskier or more conservative decision making«. *Psychology Bulletin*, 2007, Nr. 33, S. 451–462.
Mann, H.: *Der Untertan*. Frankfurt: 2008.
Maschmeyer, C., zitiert aus: Fröhlingsdorf, M., Grill, M., Schwennicke, C.: »Mitten im größten Geldklumpen«. *Der Spiegel*, 10/2011, S. 62–68.

Maschmeyer, C., zitiert aus: Lachmann, G.: »Der spendierfreudige Herr Maschmeyer«. *Die Welt*, 29.04.2011, S. 8.
Maschmeyer, C., zitiert aus: Papendick, U.: »Goldfinger«. *manager magazin*, 10/2011, S. 106-112.
McClelland, D.: *Power: the inner experience*. New York (N.Y.): 1975.
Meck, G.: »Weibergeschichten«. *Frankfurter Allgemeine Sonntagszeitung*, 10.04.2011, S. 11.
Meyerhofer, W., zitiert aus: Schmalholz, C.G.: »Die Erfolgsformel«. *manager magazin*, 5/2005, S. 172-180.
Middelhoff, T., zitiert aus: Dahlkamp, J., Latsch, G., Schmitt, J.: »Der Bonus-Boy«. *Der Spiegel*, 08/2011, S. 72-75.
Middelhoff, T., zitiert aus: Hank, R.; Meck, G.: »Charisma«. *Frankfurter Allgemeine Sonntagszeitung*, 13.03.2011, S. 38-39.
Milgram, S.: *Das Milgram-Experiment: zur Gehorsamsbereitschaft gegenüber Autorität*. Hamburg: 1995.
Miller, P.: *Die Intelligenz des Schwarms*. Frankfurt: 2010.
Molche, S.: *Körpersprache im Beruf*. München: 2001.
Morris, D.: *Bodytalk*. München: 1997.
Naumann, F.: *Schöne Menschen haben mehr vom Leben*. Frankfurt: 2006.
Navarro, J.: *What every body is saying*. New York (N.Y.): 2008.
Neukirchen, K., zitiert aus: Werle, K.: »Fiese Spiele«. *manager magazin*, 06/2006, S. 180-191.
Neumann, R.: *Schlagfertig reagieren im Job*. (2. Aufl.) Landsberg am Lech: 2001.
Neumann, R., Ross A.: *Der Macht-Code. Spielregeln der Manipulation*. (2. Aufl.) München: 2009.
Neumann, R., Ross, A: *Der perfekte Auftritt*. Hamburg: 2004.
Neumann, R., Ross, A.: *Souverän vor Publikum*. Landsberg am Lech: 2003.
Pearce, T.: *Leading Out Loud*. San Francisco: 2003.
Petri, H.L., Govern, J.M.: *Motivation: Theory, Research, and Applications*. (5th ed.) Florence (KY): 2003.
Pfeffer, J.: *Power*. New York (N.Y.): 2010.
Piëch, F., zitiert aus: Freitag, M., Student, D.: »Die Motorik der Macht«. *manager magazin*, 11/2011, S. 34-48.
Rackham, N.: *Spin Selling*. New York (N.Y.): 1988.
Richardson, J.: *Erfolgreich kommunizieren*. München: 1992.
Riedl, R.: *Biologie der Erkenntnis*. (3. Auflage) Berlin: 1981.
Rohleder, J., Hirzel, J.: »Was die Welt im Innersten zusammenhält«. *Focus*, 29/2006, S. 80-92.
Ross, A., Neumann, R.: *Fettnapf-Slalom für Manager*. Frankfurt am Main: 2007.
Sacharin, K.: *Attention!* New York (N.Y.): 2001.
Samson-Himmelstjerna, D. von, zitiert aus: Hasselberg, S.: »Natürlich gibt es Netzwerke«. *Focus*, 17/2011, S. 142-143.
Schellnhuber, H.J., zitiert aus: Krueger, M.: »Die Gletscher lügen nicht«. Science-skeptical.de, 30.01.2010, http://www.science-skeptical.de/BLOG/DIE-GLETSCHER-LUGEN-NICHT/001751/.
Schopenhauer, A.: *Eristische Dialektik oder Die Kunst Recht zu behalten. In 38 Kunstgriffen dargestellt*. Berlin: 1996.
Schröder-Köpf, D., zitiert aus: *manager magazin*, 03/2011, S. 50.
Schulz von Thun, F.: *Miteinander reden. Störungen und Klärungen – Psychologie der zwischenmenschlichen Kommunikation*. Hamburg: 1981.

Seitz, J., Hasselberg, S., Pawlak, C.: »Wo steht der Adel?« *Focus*, 17/2011, S. 135–139.
Sellmair, N., Schönharting, A.: »Sie verdient mehr als er«. *Stern*, 29/2011, S. 80–92.
Shakira, zitiert aus: »Kurz notiert«. *Handelsblatt*, 07./08.10.2011, S. 78.
Singh, D.: »Adaptive significance of female physical attractiveness: Role of waist-to-hip ratio«. *Journal of Personality* (1993), Nr. 65, S. 293–307.
Singh, D.: »Female judgment of male attractiveness and desirability for relationship: Role of waist-to-hip ratio and financial status«. *Journal of Personality and Social Psychology* (1995), Nr. 69, S. 1089–1101.
Singh, D., Renn, P., Singh, A.: »Did the perils of abdominal obesity affect depiction of feminine beauty in the sixteenth to eighteenth century British literature?«, *Proceedings of the Royal Society B* (2007), Nr. 274, S. 891–894.
Søvndal, V., zitiert aus: »Personalien«. *Der Spiegel*, 01/2012, S. 136.
Spanhel, F., zitiert aus: Loll, A.: »Großer Mensch – großes Einkommen«, *Frankfurter Allgemeine Zeitung*, 8./9.Januar 2011, Nr. 6, S. C2.
Stern, E., zitiert aus: Bös, N.: »Für die Schule, nicht fürs Leben«. *Frankfurter Allgemeine Zeitung*, 19./20.07.2010, S. C1.
Strauss-Kahn, D., zitiert aus: Borgeest, B.: »Was geschah in Suite 2806: Macht und Sex«. *Focus*, 21/2011, S. 34–37.
Strauss-Kahn, D., zitiert aus: Eisenhauer, B.: »Die Obsessionen der Alphatiere«. *Frankfurter Allgemeine Sonntagszeitung*, 22.11.2011.
Strauss-Kahn, D., zitiert aus: Encke, J.: »Das Monster bin ich«. *Frankfurter Allgemeine Sonntagszeitung*, 04.12.2011, S. 30.
Strauss-Kahn, D., zitiert aus: Fichtner, U., Kurbjuweit, D.: »Des Menschen Wolf«. *Der Spiegel*, 21/2011, S. 74–82.
Strauss-Kahn, D., zitiert aus: Heil, C.: »Frauentausch«. *Frankfurter Allgemeine Sonntagszeitung*, 22.11.2011.
Strauss-Kahn, D., zitiert aus: Kuchebecker, T.: »Dominique Strauss-Kahn: ›Freizügige Partys sind doch üblich‹«. *Handelsblatt*, 02./03.12.2011, S. 87.
Strauss-Kahn, D., zitiert aus: Lutterbeck, C.: »Die Macht der Versuchung«. *Stern*, 29/2011, S. 102–116.
Strauss-Kahn, D., zitiert aus: Weber-Lamberdière, M.: »Ist das wahre Liebe?«. *Focus*, 22/2011, S. 130–133.
Strauss-Kahn, D., zitiert aus: Wiegel, M.: »War alles ein Komplott?«. *Frankfurter Allgemeine Zeitung*, 29.11.2011, S. 3.
Sutton, R. I.: *Der Arschloch-Faktor*. München: 2007.
Tannen, D.: *You Just Don't Understand. Women and Men in Conversation*. New York (N.Y.): 2001.
Taubmann, M.: *Le Roman vrai de Dominique Strauss-Kahn*. Paris: 2011.
Tomasello, M.: *Die Ursprünge der menschlichen Kommunikation*. Frankfurt, M.: 2009.
Tomasello, M., zitiert aus: Habermas, J.: »Es beginnt mit dem Zeigefinger«. *Die Zeit*, 10.12.2009, Nr. 51, S. 41.
Tracy, J., Robins, R.: »The nonverbal expression of pride: Evidence for cross-cultural recognition«. *Journal of Personality and Social Psychology*, 2008, Nr. 94, S. 516–530.
Tracy, J., Robins, R., Schriber, R.: »Development of a FACS-verified set of basic and self-conscious emotion expressions«. *Emotion*, (2009) 9, S. 554–559.
Trivers, R. L.: *Social evolution*. Menlo Park (C.A.): 1985.
UBS, zitiert aus: »Keine engen Röcke«. *Frankfurter Allgemeine Zeitung*, 16.12.2010, S. 16.

Van Gelder, M.: *Organisation*. Frankfurt: 1997.
Vogt, P., zitiert aus: Grill, M., Weiss, H.: »Der Aufschneider«. *Der Spiegel*, 40/2011, S. 66–76.
Watzlawick, P., Beavin, J. H., Jackson, D. D.: *Menschliche Kommunikation*. Bern: 1982.
Weber, C.: »Konform im Kindergarten«. *Süddeutsche Zeitung* 26.10.2011, Nr. 247, S. 16.
Weber, M.: *Wirtschaft und Gesellschaft. Grundriß der verstehenden Soziologie.* (5. Auflage). Tübingen: 2002.
Weiland, A., Knapp, U.: »Abendkleid statt Säbel«. *Frankfurter Allgemeine Zeitung*, 19./20.02.2011, S. C4.
Wilhelm, T., Edmüller, A.: *Manipulationen erkennen und abwehren*. Planegg b. München: 2005.
Wittershagen, M.: »Der menschliche Makel«. *Frankfurter Allgemeine Sonntagszeitung*, 18.02.2007, Nr. 7. S. V 19.
Wrede-Grischkat, R.: *Manieren und Karriere*. Frankfurt: 2001.
Wüst, P.: *Self-Branding für Manager*. Zürich: 2006.
Zugmann, J., Lanthaler, W.: *Die Ich-Aktie. Mit neuem Karrieredenken auf Erfolgskurs.* Frankfurt: 2000.
Zuta, V.: *Warum tiefe Männerstimmen doch nicht sexy sind*. Frankfurt: 2008.

Register

3-T-Regel *71*

A

Abramowitsch, Roman *75*
Adams, John Stacey *112*
Adel *149*
Afghanistan *122*
Ähnlichkeitseffekt *153 f.*
Air Berlin *156*
Alice im Wunderland *55*
Allgemeines Gleichbehandlungsgesetz (AGG) *100*
Alphatier *92*
Alumni-Netzwerke *158*
Anderson, Cameron *94*
Antwortmuster *71*
Appel, Frank *149, 155*
Arcandor *76*
Arendt, Hannah *15*
Argumentation *61*
Asch, Solomon *139*
assertiveness *100*
Atomforum *158*
Attraktivität *35 f.*
Attribuierung *19, 23*
Aufmerksamkeit *38*
Authority Bias *176*
Autoritätsgläubigkeit *174*
AWD *147*

B

Bagel-Trah, Simone *181*
Ballmer, Steve *26*
Bandura, Albert *26*
Baring, Arnulf *158*
BASF *103*
Bauer, Matthias *128*
Baumann, Zygmunt *15*
Beckenbauer, Franz *173*
Bedingungen einer erfolgreichen Karriere *184*
Behaviour Detection Officers *40*
Bensaid, Véronique *94*

Berlusconi, Silvio *91, 97 f.*
Berührung *45*
Bestechung bei Doktortiteln *168*
Biber, Aaron *132*
BILD *38, 136*
Bin Laden, Osama *40*
Birnbaum, Leonhard *155*
Bischoff, Sonja *32*
Bisek, Callista *92*
Blair, Tony *136*
Blessing, Martin *155*
Blickkontakt *42*
Bohlen, Dieter *9, 38*
Bonus-Boy *186*
Borchardt *152*
Bosshard, Karl *32*
Bouffier, Volker *38*
Boyes, Roger *88*
BP *130*
Brandt, Willy *91*
Brooks, Rebecca *153 f.*
Brown, Gordon *136*
Brown, William *34*
Bundesverband der Deutschen Industrie *157*
Bundeswehr *122*
Bürokratie *119, 122 f., 126*

C

Cambridge *159*
Cameron, David *159*
Carney, Dana *109*
CDU *146*
Celesio *155*
Chaosforschung *134*
Chatzimarkakis, Jorgo *89*
China Club Berlin *152*
Claas *149*
Claasen, Utz *9*
Clinton, Bill *91, 98*
Clinton, Hillary *80*
Club an der Alster *152*

Cromme, Gerhard 70
Crowdfunding 130

D

Davies, Quentin 136
Davos 156
Dekkers, Marijn 180
Demmer, Ulrike 122
Detharding, Herbert 187
Deutsche Bahn 43
Deutsche Post 155
Dibelius, Alexander 155
Diekmann, Kai 152
Dobelli, Rolf
– Die Kunst des klaren Denkens 167
Doktortitel 168
Dommermuth, Ralph 106
Dörrie, Doris 108
Dresscode der Führungsebene 82
Dühr, Herbert 177
Dunbar, Robin 162
Dunbar-Zahl (Gruppengröße) 162
Dunkel, Gunter 155
Dutton, Kevin 31

E

Ego 184, 186
Egon Zehnder International 184
Einstein 152
Ekman, Paul 40
– Telling Lies 40
Electricité de France 145f.
EnBW 9, 146
Entscheidungsprozess 124, 126
E.on 155
Equity-Theorie 112f.
ERGO 155
Eristik 68
Evenue, Danièle 94
Experte 167, 169, 172, 175, 177
– eigene Expertise 178
– in Wissensgesellschaft 27

F

Facebook 128
Falter, Jürgen W. 170
Faymann, Werner 145
Fendi 84
Ferres, Veronica 148
Finanzkrise 175
FirstAffair.de 103
Fischer, Joschka 82
Flashmob 127
Focus 92
Foucault, Michel 15
Fragen
– Umgang mit negativen 70
Franck, Georg
– Ökonomie der Aufmerksamkeit 38
Franz Haniel & Cie. 155
French, John 23, 107, 167
Fuchsberger, Joachim 53
Führen mit Zielen 115
Führungsmotivation 182

G

Galinsky, Adam 94
Gates, Bill 173
Gestik 42ff., 47f.
Gingrich, Newt 92
Gladwell, Malcolm
– Outliers 176
– The Tipping Point 132
Glaubwürdigkeit 28, 111, 113
GM 115
Goldman Sachs 155
Goldsmith, Zac 159
Google 27
Görg, Klaus Hubert 186
Gouldner, Alvin Ward 160
Granovetter, Mark 163
Grant, Cary 81
Greenpeace 158
Gruenfeld, Deborah 109
Gruppe 120
Gruppendynamik 137, 141
– Entwicklungsphase 138
– Leistungsphase 138
– Orientierungsphase 137

- Rollen *141, 143*
- Stabilisierungsphase *138*
Gruppenkonformität *29*
Guggenberger, Bernd *33*
Gut Kaden *152*
Guttenberg, Karl-Theodor zu *89, 136*

H

Hakim, Catherine *12, 36*
- Erotisches Kapital *35*
Halo-Effekt *34, 173*
Hamermesh, Daniel S. *32*
- Beauty Pays *32*
Hartmann, Michael *152*
Harvard Alumni Association *159*
Haun, Daniel *140*
Hayek, Nicolaus *85*
Heider, Fritz *160*
Heitmeyer, Wilhelm *132*
Henkel *149, 181*
Henzler, Herbert *154*
Hierarchie *22, 45, 105 ff., 124 f.*
- und Statussymbole *77*
Hiesinger, Heinrich *70, 80*
Hirschel, Dierk *152*
HMI *147*
Höner, Oliver *150*
Huber, Martin *145*
Hübner, Alexander *172*
Hunold, Joachim *156*
Hypo Real Estate *155*
Hypothese vom anscheinend Wahren *95*
Hypothese vom Vergleichbaren *95*
Hypothese von der Ursache *95*

I

Infineon *176*
irrige Glaubenssätze *177*

J

Jacobs Center on Lifelong Learning *185*
Jacquemin, Natalie *184*
Jobs, Steve *26, 189*
John, Andreas *106*
Johnson, Boris *159*
Jung von Matt *86*

K

Karriere *181*
Karstadt *148*
Keltner, Dacher *108, 110*
Kennedy, John F. *91*
Kerber, Markus *157*
King, Martin Luther *91, 96*
Kirchhof, Paul *151*
Kissinger, Henry *92*
Kleinfeld, Klaus *84, 149*
Klein, Marcus *33*
Klein, Wolfgang *155*
Kluge, Jürgen *155*
Koch-Mehrin, Silvana *89*
Kommunikation
- vier Inhalte *58*
Komplexität *174*
Komplexität von Systemen *134*
Konformität *139 f.*
Körperhaltung *42, 47 f.*
Körpersprache *37, 39, 46*
- gegen sexuelle Belästigung *101*
- Interpretation von *39*
- kultureller Kontext *41*
- Training der *41*
Kutschera, Ulrich *92*
Kux, Barbara *155*

L

Lächeln *42*
Lagerfeld, Karl *81*
Lambsdorff, Magnus Graf *184*
Lammers, Joris *104*
Latinum *176*
Lauterbach, Heiner *53*
Law of the Few *132*
lebenslanges Lernen *185*
Leibinger-Kammüller, Nicola *181*
L'état c'est moi! *75*
Lewinsky, Monica *92*

Lobbyismus 156
Ludwig XIV. 75
Lufthansa 176
Lügendetektor 40
Lutz, Bob 115
Luz, Jesus 91

M

Macht 9, 182, 190
- als Eigenschaft 16
- Anwendung von 28
- der Presse 27
- die fünf Quellen der 23, 28
- dispositionsorientierter Ansatz 15
- durch Belohnung 24, 107
- durch Identifikation 25
- durch Information 27
- durch Verfügungsgewalt über Ressourcen 126
- durch Wissen 27, 167
- durch Wortwahl 64
- durch Zwang 25
- in der Beziehungsaussage 60
- in der Sachaussage 59
- in der Selbstaussage 59
- legitime 23
- Missbrauch von 22
- Schönheit und 31
- Selbstwahrnehmung und 23
- situativ-interaktionistischer Ansatz 18, 20
- Theorie der 15
- und Beziehungen 145
- und Charisma 31
- und Hierarchie 105
- und Karriere 181
- und Netzwerk 164
- und Regeln 119, 121
- und Sex 91, 102, 104
- und Sprache 53, 55
- Wahrnehmungsveränderung durch 102
Macht der Vielen, die 127, 131
Machtgebrauch 112 f.
Machtspiele 49 f.
- nonverbale 49
Machtstrukturen
- formell und informell 22

Madonna 91
Mang, Werner 171
Mann, Heinrich 151
Mappus, Stefan 146
Maschmeyer, Carsten 75, 147 f.
Maslow, Abraham 182
Mathiopoulos, Margarita 89, 135
Max-Planck-Institut für Evolutionäre Anthropologie 140
MBA 182
McClelland, David 17
- Motivationstheorie 182
McDonald's 130
McKinsey 154
Mehdorn, Hartmut 152
Memmel, Ralf 176
Mercedes SL 130
Merck Pharma 146
Merkel, Angela 82, 136
Metro 155
Meyerhofer, Wolfgang 186
MG Technologies 108
Middelhoff, Thomas 31, 76, 149, 186
Milgram-Experiment 175
Milgram, Stanley 175
Mimik 42, 47 f.
Mitarbeitergespräch 115, 117
Mitterand, François 97
Morgan Stanley 146
Moss, Kate 84
Motor-Talk.de 130
Münchener Herrenclub 152
Munger, Charlie 167
Murdoch, Rupert 153

N

Naumann, Frank 32
Networking 164, 166
Netzwerk 151, 153 f., 161 f.
- Studentenverbindungen 151
Neue Medien 133
Neukirchen, Kajo 108
Neumann, Reiner 193
New Labour 131
News International 153
Nike 130
NORD/LB 135, 155

Notheis, Dirk *146*
Nurejew, Rudolf *81*

O

O2 *128*
Obama, Barack *171*
Occupy Wall Street *129*
Oettinger, Günther *151*
Offer, Michael *105*
Oletzky, Torsten *155*
Osborne, George *159*
Otto, Erika *32*
Oxford *159*

P

Piëch, Ferdinand *115*
Pierer, Heinrich von *149*
Planck, Max *167*
Podcast *128*
Positionierung im Raum *42, 45*
Postbank *155*
Prescher, Thomas *84*
Promotion *87*
Public Strategies *158*

R

Raven, Bertram *23, 107, 167*
Reaktanz *30*
Regeln *119 ff., 124*
Resilienz *185*
reziproker Altruismus *159*
Rhetorik *62*
– Techniken *67*
Rickert, Dieter *103*
Riedl, Rupert
– Biologie der Erkenntnis *95*
Riester, Walter *147*
Rolex *84*
Rosia Montana Gold Corporation *157*
RTL *38*
Rürup, Bert *147, 170*
RWE *155*

S

Samson-Himmelstjerna, Donata von *150*
Saß, Veronica *89*
Schäffler, Elisabeth *83*
Schäuble, Wolfgang *105*
Schavan, Annette *89*
Schellnhuber, Hans Joachim *171*
Schenck, Markus *155*
Schlamp, Hans-Jürgen *123*
Schlüsselposition *124, 126*
Schmitt, Frank *176*
Schopenhauer, Arthur *67*
Schröder, Gerhard *37, 147 f.*
Schröder-Köpf, Doris *148*
Schulte-Noelle, Henning *151*
Schulz von Thun, Friedemann *58*
Schumacher, Michael *38*
Schwarmintelligenz *128, 135 f.*
Schwarzenegger, Arnold *91, 98*
Schwarz, Hubert *185*
Selbstbewusstsein *59*
Selbstbild vs. Wirkung *189*
Selbstvermarktung *182, 186 f.*
self-branding *188*
sexuelle Belästigung *99 f.*
Sexuelle Belästigung *98*
Shakira *170*
Siemens *70, 155*
Sinclair, Anne *93, 97*
Singh, Devendra *35*
Sloterdijk, Peter *170*
Social Exchange Theory *20 f., 92, 161*
SOS-Kinderdorf *158*
Søvndal, Villy *80*
soziale Netzwerke *128*
soziales Lernen *189*
Spanhel, Fabian *35*
Sprache *54*
– Artikulation *54*
– Atmung *54*
– Betonung *55*
– Fragetypen *65*
– Lautstärke *55*
– Signale *57*
– Sprechtempo *54*
Sprechweise *53*
Statussymbole *75 ff.*
– Jobtitel *86*

- Kleidung *80*
- Studienabschluss *87*
Staudinger, Ursula *185*
Stern, Elsbeth *177*
Stimme *53*
Strauss-Kahn, Dominique *91, 93, 97, 98*
Strenesse *149*
Suggestion *69*
System *134*
Systemtheorie *134*

T

Taubmann, Michel *94*
Tauschbörsen im Internet *160*
Téléfonica *128*
Thatcher, Margaret *131*
The Guardian *136*
Theorie des Modelllernens *26*
ThyssenKrupp *71*
Tibi, Bassam *170*
Tomasello, Michael *43*
Trumpf *181*

U

Übersprungshandlung *46*
UBS *81*
Umgangsformen *49*
UNICEF *158*
United Internet *106*
Unternehmensberater *125*
Untreue *104*

V

Veränderung *174*
Vitamin B *145, 148*
Vogt, Peter *171*
Volksbanken-Gruppe *129*
Volks- und Raiffeisenbanken *129*
Volkswagen *115*
Vroniplag *135*

W

Wachstum, persönliches *185*
Walter, Franz *170*
Web 2.0 *128*
- Marketing und *129*
- Marktmacht der Verbraucher *129*
Weber, Max *15*
- Wirtschaft und Gesellschaft *124*
Weblog *128*
Weill, Sandy *75*
Westerwelle, Guido *147*
WHO *172*
Wieandt, Axel *155*
Wiki *128*
Wintershall *187*
wir-sind-einzelfall.de *128*
Wissenschaft e.V. *169*
W. L. Gore & Associates GmbH *162*
Wöhrl *149*
Woods, Tiger *91*
Wortwahl *61, 63*
- Superlativ *64*
- Wahrheit *64*
Wössner-Boys *149*
Wössner, Mark *149, 186*
Wowereit, Klaus *82*
Wulff, Christian *24, 96, 147*

X

Xing *163*

Y

Young-Soo, Shin *172*
Yves Saint-Laurent *84*

Z

Zielvereinbarung *115 f., 118*
Zimmermann, Bettina *53*
Zugmann, Johanna
- Die Ich-Aktie *187*
Zumwinkel, Klaus *149, 155*
Zuta, Vivien *54*